DEREK PRINCE

I0157823

G U Ç L E
KUŞANACAKSINIZ

KUTSAL RUH'UN VARLIĞINI
HAYATINIZA ALMAK

GDK

GDK YAYIN NO: 193
KİTAP: Güçle Kuşanacaksınız
ORİJİNAL ADI: You Shall Receive Power
YAZAR: Derek Prince
ÇEVİRMEN: Garo Saraf
KAPAK: Keğanuş Özbağ

ISBN: 978-1-78263-465-2
T.C. Kültür ve Turizm Bakanlığı Sertifika No: 16231

© **Gerçeğe Doğru Kitapları**
Davutpaşa Cad. Emintaş
Kazım Dinçol San. Sit. No: 81/87
Topkapı, İstanbul - Türkiye
Tel: (0212) 567 89 92
Fax: (0212) 567 89 93
E-mail: gdksiparis@yahoo.com
www.gercegedogru.net

Kitapla ilgili görüşleriniz için: derekprinceturkey@gmail.com

Kutsal Kitap alıntıları, aksi belirtilmedikçe
Türkçe *Bible Server.Com*'dan yapılmıştır.

Baskı: Anadolu Ofset – Tel: (0212) 567 89 93
Davutpaşa Cad. Emintaş Kazım Dinçol San. Sit.
No: 81/87 Topkapı, İstanbul
1. Baskı: Mayıs 2013

İÇİNDEKİLER

1. BÖLÜM:
KUTSAL RUH'TA VAFTİZ OLMAK

2. BÖLÜM:
RUH'UN DOLULUĞUNDA YAŞAMAK

BİRİNCİ BÖLÜM:

KUTSAL RUH'TA VAFTİZ OLMAK

1

HEPİMİZ BİR RUH'TA VAFTİZ OLDUK

Kutsal Ruh'ta vaftiz olmak, herkesin üzerinde konuştuğu bir konudur. Geçtiğimiz birkaç yılda, üç kıtada ve oldukça geniş bir coğrafyada yolculuk edip vaaz verme ayrıcalığına sahip oldum. Gittiğim her yerde bu konunun, dünyanın dört bir yanındaki Hristiyanlar arasında meraka, tartışmaya ve hatta çekişmeye neden olduğunu gördüm.

Bazen ruhsal konular hakkında konuştuğumuz zaman, Hristiyanlar bunun ağırlıklı olarak duygularla ilgili olduğunu düşünür ve bu yüzden akıllarına çok da gereksinim duymayacakları fikrine kapılırlar. Bu tamamen yanlış bir fikirdir. Tanrı Kelamı'nın öğretişine çok dikkatli bir şekilde zihinlerimizi odaklamalıyız. Bu kitapta okuduğunuz bilgileri eğer duygularınızla olduğu kadar aklınızla da değerlendirmezseniz alacağınız yardımın çok az olacağını söylemem gerekiyor.

Bedenin Birliği

Seçtiğim ilk ayet 1. Korintliler 12:13:

"İster Yahudi ister Grek, ister köle ister özgür olalım, hepimiz bir beden olmak üzere bir Ruh'ta vaftiz edildik ve hepimizin bir Ruh'tan içmesi sağlandı."[1]

Bu ayetin birçok insan için sorun yaratmasında, çevirmenlerin kaprislerinin belli bir rolü vardır. Bu yüzden ayetin biraz daha netleştirilmesi yerinde olur. Ancak buraya girmeden, bu ayetteki çarpıcı bir ifadeyi irdeleyelim. Burada üç kez tekrarlanan kısa ve önemli bir sözcük vardır: *Bir.*

Elçi Pavlus'un esas vurguyu öğreti üzerine değil, Mesih'in bedeninin birliği üzerine yaptığını anlamadan, bu ayetin öğretmeye çalıştığı şeyi tam olarak takdir edemeyiz. Kutsal Ruh'ta vaftiz olma deneyimini yaşayan ve kutsamasını alanlar olarak, bunu sürekli olarak aklımızın en önemli yerinde tutmalıyız. Bu deneyimle şahsen kutsanmış olabiliriz, ancak Tanrı'nın bize bu deneyimi bahşetmesinin ana nedeni Mesih'in bedeninin birliğidir. Çoğu kez Tanrı'nın öğretme ve vahiy yolunun tam merkezinde olmadığımızı

---

[1] İngilizce NIV ve KJV'den doğrudan tarafımızdan Türkçeye çevrilmiştir.

güçlü bir şekilde hissederim, çünkü Kutsal Ruh'ta vaftiz olmakla ilgili ana amaçtan uzaklaştık.

Şimdi şu çevirilerle ilgili küçük düzeltmeleri yapalım. Aranızda Yunan diline aşina olanlar vardır ve anlattığım gerçekle ilgili harfiyen yapılan çevirilere ya da yorumlara başvurabilirsiniz. Bir zamanlar Cambridge Üniversitesi'nde Grekçe öğretmeniydim ve on yaşından itibaren bu konuda çalışmalar yaptım. Bu nedenle ne söylediğimi bildiğimi iddia edecek kadar cüretkârım. Ama böyle dedim diye söylediklerimi kabul etmeyin ve başka bir kaynaktan sağlamasını yapın.

Bu ayeti şu şekilde tercüme etmenin daha doğru olacağını söylemeliyim: "Çünkü bir Ruh'ta hepimiz bir bedenin içine vaftiz edildik"; şöyle de bitmeliydi: "ve hepimize bir Ruh'tan içmek bahşedildi." Öncelikle, Grekçede kullanılan edat "da"dır (Ruh'ta), "ile" (Ruh'la) değildir. Birçok garip çevirinin "ile" sözcüğüne dayanması küçük çaplı bir trajedidir (bunun nedeni çevirmenlerin kaprisinden başka bir şey değildir). Grekçedeki "vaftiz" kelimesine gelirsek, Grekçe Yeni Antlaşma'da birbirini izleyen sadece iki edata rastlarız: Biri, "de, da" anlamına gelen *en*, diğeri "içine" anlamına gelen *eis*. Yeni

Antlaşma'nın hiçbir yerinde bu iki edattan başkasına rastlayamazsınız.

"Bir Ruh'ta" diyor ve ekliyor "hepimiz vaftiz edildik." Buradaki fiilin zamanı, geçmişte belli bir anda yaşadığımız bir olayı belirtecek şekilde, "di"li geçmiş zamandır. "Miş"li geçmiş zaman değildir. "Vaftiz olmuşuz" değil "vaftiz olduk"tur. Hayatımızda geçmişte belirtilen belli bir anda bir şey oldu.

"İçine Vaftiz Edilme"nin Anlamı

Bu ayetin anlamını tam olarak kavrayabilmek için, özellikle biraz tuhaf bir deyim olan "içine vaftiz edilmek" kelimeleri kullanılan Yeni Antlaşma'daki belli paralel ayetler üzerinde düşünelim. Bu ayetin gücü hakkında konuşurken, Kutsal Ruh'ta vaftiz olmayanların Mesih'in bedeninin üyesi olmadığını söyleyen insanlarla muhtemelen karşılaşmışsınızdır. Bunu söylemenin berbat bir şey olduğunu düşünüyorum. Bunu diyenlerin samimiyetlerine saygı duyuyorum ama sanırım bu devasa ve temel bir hatadır. Bu yüzden daha ileri gitmeden "içine vaftiz edilmek" deyiminin Yeni Antlaşma'da kullanıldığı dört farklı yerin ışığında konuyu netleştirmek istiyorum. İnceleyeceğimiz metinlerde "içine vaftiz edilmek" deyimi kullanılan her bir olayda kişinin zaten ait olduğu bir yerin "de, da" (zaten orada), "içine vaftiz edildiği" konusunda benimle hemfikir olacağınıza inanıyorum. Birlikte ayetlere baktığımızda bunu açıkça göreceksiniz.

Tövbenin İçine Vaftiz Edilmek

Bu deyimin ilk kullanıldığı yer Matta 3: 11'dir: *"Gerçi ben sizi tövbe için suyla vaftiz ediyorum..."* (Grekçeden harfiyen çeviride tövbenin içine diye geçer.) Buradan Yahya'nın vaftiz ettiği kişilerin daha önce tövbe etmediği veya tövbe etme durumuna gelmediği anlamını mı çıkarmalıyız? Kesinlikle hayır. Birkaç ayet öncesine baktığınızda bu açıktır:

"Ne var ki, birçok Ferisi'yle Saduki'nin vaftiz olmak için kendisine geldiğini gören Yahya onlara şöyle seslendi: 'Ey engerekler soyu! Gelecek gazaptan kaçmak için sizi kim uyardı? Bundan böyle tövbeye yaraşır meyveler verin.'" (Matta 3:7-8)

Ya da başka bir deyişle: "Tövbe ettiğinizi yaşantınızla gösterin ve sonra sizi vaftiz etmeyi düşüneceğim."

Bu nedenle, Yahya'nın vaftiz olmak için kendisine gelenlerin zaten tövbe etmiş kişiler olduğuna inandığı yeterince açıktır. Başka bir ifadeyle onun vaftizi, vaftiz ettiği kişilerin tövbe

11

etmiş insanlar olduğunu bildiğinin dışsal kanıtıydı. Eğer onların tövbe etmediğini gösteren bir nedene inanmış olsaydı, onları vaftiz etmeyecekti. Bu çok belirgindir.

Günahların Bağışlanmasının İçine Vaftiz Edilmek

Şimdi de, Pentekost Günü'nde Kutsal Ruh'un dökülmesinden sonra kendini suçlanmış hisseden kalabalığın "Kardeşler, ne yapmalıyız?" sorusuna Petrus'un verdiği cevaba bakalım:

"Bu sözleri duyanlar, yüreklerine hançer saplanmış gibi oldular. Petrus ve öbür elçilere, 'Kardeşler, ne yapmalıyız?' diye sordular. Petrus onlara şu karşılığı verdi: 'Tövbe edin, her biriniz günahlarınızın bağışlanması için İsa Mesih'in adıyla vaftiz olsun. Böylece Kutsal Ruh armağanını alacaksınız.'" (Elçilerin İşleri 2:37-38)

Bu ayetin harfiyen Grekçe çevirisinde, *"...günahlarınızın bağışlanması için İsa Mesih'in adıyla vaftiz olsun"* yerine *"...günahlarınızın bağışlanmasının içine İsa Mesih'in adıyla vaftiz olsun"* ifadesi yer alır. Bunun anlamı günahlarının vaftiz edilmeden önce bağışlanmamış olduğu mudur? Bu, Yeni Antlaşma öğretisinin genel anlamına tamamen aykırıdır.

Onların günahları, tövbe edip İsa Mesih'e iman ettiklerinde bağışlanmıştı. Daha sonra elçilerin gözünde şartları yerine getirmiş olmanın dışsal bir tanıklığı olarak vaftiz oldular. Yine aynı sonuca geldik: Onlar vaftiz oldukları şartları zaten taşıyorlardı. Vaftiz, zaten içinde bulundukları şartları kabul ettiklerini gösteren somut bir işaretti.

Mesih'in İçine Vaftiz Edilmek

Şimdi Galatyalılar 3:24-27'ye gidelim:

"Yani imanla aklanalım diye Mesih'in gelişine dek Yasa eğitmenimiz oldu. Ama iman gelmiş olduğundan, artık Yasa'nın denetiminde değiliz. Çünkü Mesih İsa'ya iman ettiğiniz için hepiniz Tanrı'nın oğullarısınız. Vaftizde Mesih'le birleşenlerinizin hepsi Mesih'i giyindi."

Sıralamanın ne kadar kesin ve tartışmasız olduğuna dikkat edin. 26. ayette Tanrı'nın oğlu olmanın sadece tek şartı olduğunu görüyoruz (İsa Mesih'e iman). Bunun aksini savunan her öğreti yanlıştır. Yuhanna 6:47'de İsa şöyle dedi: *"Bana iman edenin sonsuz yaşamı vardır."* Luther de bu öğretiyi savunur; yalnızca imanla aklanma. Birisini Tanrı'nın oğlu yapmak için İsa

Mesih'e etkin imandan başka hiçbir şeye gereksinim yoktur.

Pavlus şöyle devam eder: *"Mesih'in içine vaftiz edilenlerinizin hepsi Mesih'i giyindi"* (27. ayet, KJV'den çevrilmiştir). Zaten Mesih'te olduklarının farkındasınız ve sonra Mesih'te olduklarının bilinciyle Mesih'in içine vaftiz edildiler.

Mesih'in Ölümünün İçine Vaftiz Edilmek

Son olarak bu bağlamda Romalılar 6:2-4'e gidiyoruz:

"Günah karşısında ölmüş olan bizler artık nasıl günah içinde yaşarız? Mesih İsa'ya vaftiz edildiğimizde, hepimizin O'nun ölümüne vaftiz edildiğimizi bilmez misiniz? Baba'nın yüceliği sayesinde Mesih nasıl ölümden dirildiyse, biz de yeni bir yaşam sürmek üzere vaftiz yoluyla O'nunla birlikte ölüme gömüldük."

Kutsal Kitap'ın NIV ve KJV İngilizce çevirilerinde, *Mesih'in ölümüne* ifadesi *Mesih'in ölümünün içine* olarak geçer. Bu anlamda Pavlus vaftizden bahsederken gömülmek kelimesini kullanıyor: *"...vaftiz yoluyla O'nunla birlikte ölüme gömüldük."*

Şimdi burada bir insanı öldürmek için gömmediğimiz yeterince açıktır. Aksini düşünmek bile korkunç olurdu! Bilakis, zaten ölmüş olduğunu kabul ettiğimiz kişiyi gömeriz. Bu nedenle, Mesih'in ölümünün içine vaftiz olmak, insanda günahlarının ölümüne vaftiz olması durumunu yaratmaz. Daha ziyade, o insanın Mesih'in ölümü ve dirilişine iman ederek o şartları zaten taşıdığının açık bir beyanı olur.

Böylece aynı dersi dört kez görmüş olduk. İncelediğimiz dört vakada da, birisini herhangi bir durumun içine vaftiz etmek, o kişinin zaten o durumda olduğunun herkesçe kabulü anlamına gelir. Dört olayda da koşullar bunu açık bir şekilde ortaya koyuyor.

Vaftiz Bedene Üyeliği İlan Eder ve Bedenin Birliğini Geliştirir

Şimdi 1. Korintliler 12:13'e geri dönelim ve bu metnin anlamını kendi gerçeğinin ışığında anlamaya çalışalım:

"İster Yahudi ister Grek, ister köle ister özgür olalım, hepimiz bir beden olmak üzere bir Ruh'ta vaftiz edildik ve hepimizin bir Ruh'tan içmesi sağlandı."

Biz zaten "bedende" idik. Kutsal Ruh'ta vaftiz olmak, zaten sahip olduğumuz Mesih'in bedenine üyeliği doğruladı, ilan etti ve etkin kıldı. Hepimiz bedenin birliğinin içine vaftiz edildik. Ruh'ta vaftiz olmanın amacı budur. Tıpkı Yahya'nın zaten tövbe etmiş kişileri vaftiz etmesi gibi, Pentekost Günü'nde günahları zaten bağışlanmış kişilerin vaftiz olması gibi, Galatyalılar 3'de zaten Mesih'te olan insanlar gibi, Romalılar 6'da vaftiz yoluyla Mesih'in ölümünün içine gömülmeden önce günahlarına karşı zaten ölmüş olan insanlar gibi, biz de zaten bedendeydik.

Yani biz zaten bedendeyiz. Ama Kutsal Ruh'ta vaftiz, İsa Mesih'in kendi bedenine ait olduğunu kabul ettiği her bir kişiye sadece O'nun tarafından bahşedilen doğaüstü bir mühürdür.

Birçok farklı insan suyla vaftiz oldu, ama Yahya şöyle dedi: *"O sizi Kutsal Ruh'la vaftiz edecek"* (Yuhanna 1:33). Tüm Kutsal Kitap'ta bu ayrıcalık sadece, vaftiz olan imanlıları bedeninin üyeliğine kabul eden İsa Mesih'e verilmiştir.

Kutsal Ruh vaftizinin nihai amacı, Mesih'in bedeninin birliğidir. Kutsal Ruh bu amacı gerçekleştirirken, bedeninin her bir üyesini bedenin birliğini sağlamak (bölünmesini değil) için çalışan temsilcilere dönüştürür.

2

DENEYİMİN DOĞASI

Gelin şimdi kısaca bu deneyimin doğasını Kutsal Kitap'ta tanımlandığı şekilde (insanların bazen verdikleri tanıklıklarda anlattıkları gibi değil) inceleyelim.

Kopenhag'ta bir konuşma için bulunduğum sırada genç bir adam gelip bana şöyle dedi: "Başka dillerle konuştum; yalnızken oldu. Sizce Kutsal Ruh'ta vaftiz oldum mu?"

"Evet" dedim, "Eğer Kutsal Ruh'un sana verdiği konuşma biçimiyle dillerle konuştunsa başka bir kanıta ihtiyaç olmadığına inanıyorum."

"Evet ama" dedi genç adam, "İnsanların ne zaman bu deneyim hakkında konuştuklarını duysam hep harika duygulardan, sevinçten ve huzurdan bahsediyorlar. Oysa ben özel bir şey hissetmedim."

Cevabım şu oldu: "Başka insanların tanıklığının yolunu şaşırtmasına izin verme. Kutsal Kitap Kutsal Ruh'ta vaftizden bahsederken hiçbir vakada herhangi bir duygudan doğrudan söz etmez."

Ama tabi ki, bir deneyimden bahsederken bunun kendilerini etkileme şeklini ve yaşadıkları karmaşık duyguları vurgulamak insanların doğal dürtüsüdür. Ama Kutsal Kitap'ın vurguladığı şey bu değildir. Dilerseniz Kutsal Ruh'ta vaftiz olmaktan bahseden Kutsal Kitap'ın değişik yerlerini kontrol ederek, özellikle duygularla ilgili özel bir ayet ya da tanımlama bilgisi olmadığını görün.

Duygu karşıtı bir vaaz vermiyorum. Çünkü duygular insan bileşiminin bir parçasıdır ve insan gerçekten değişmeden duygular da değişmez. Duygularımızın dönüşüm geçirmesi gerektiğine inanıyorum. Böylece tüm Hristiyanca yaşantımıza şekil verebilirler. Ama bu, özellikle Kutsal Ruh'ta vaftiz olmakla ilgili bir şey değildir. Kutsal Kitap bu konuda ne der? Kutsal Kitap'ın iki resim veya figür kullandığına inanıyorum; iki farklı kelimeyle ifade edilen iki resim. Öncelikle "vaftiz" kelimesini okuyoruz. Bu kelime Kutsal Ruh'la bağlantılı olarak yedi kez kullanılıyor ki bu hiç de azımsanacak bir sayı değil. Pavlus tarafından da kullanılan diğer kelime ise "içmek" tir. Bu iki kelimeyi bir araya getirdiğimizde bu deneyimin Kutsal Kitap'taki kapsamlı bir resmine ulaşabiliriz.

Vaftiz

Vaftiz suya daldırılmaktır ama bu daldırma yukardan gelir. Bu konuda çekişmeye girmek istemem ama Cambridge'deki son zamanlarımda bir günümü "vaftiz" kelimesinin anlamını araştırmak için değişik kütüphanelerde geçirdim ve İÖ 5. yüzyıldan Hristiyanlığın 2. yüzyılına kadar bu kelimenin anlamının hiç değişmediğini gördüm. Aynen belirttiğim şekilde, daldırılmak anlamında kullanılmıştı.

Bu vaftiz suyla değil, imanlının üzerine Tanrı'nın Ruhu'ndan kopup inen ve onu göksel bir atmosferle çevreleyen Kutsal Ruh'ladır. Deneyimin bir unsuru budur. Elçilerin İşleri 2:1-2'ye bir göz atalım:

"Pentikost Günü geldiğinde bütün imanlılar bir arada bulunuyordu. Ansızın gökten, güçlü bir rüzgârın esişini andıran bir ses geldi ve bulundukları evi tümüyle doldurdu."

Bulundukları ortam tümüyle doldurulmuştu ve yukarıdan gelen doğaüstü güce ve Tanrı'nın varlığına daldırılmışlardı.

Daha sonraki bir olaya geçelim:

"Yeruşalim'deki elçiler, Samiriye halkının, Tanrı'nın sözünü benimsediğini duyunca Petrus'la Yuhanna'yı onlara gönderdiler. Petrus'la

Yuhanna oraya varınca, Samiriyeli imanlıların Kutsal Ruh'u almaları için dua ettiler. Çünkü Ruh daha hiçbirinin üzerine inmemişti. Rab İsa'nın adıyla vaftiz olmuşlardı, o kadar. Petrus'la Yuhanna onların üzerine ellerini koyunca, onlar da Kutsal Ruh'u aldılar" (Elçilerin İşleri 8:14-17).

"Çünkü Ruh daha hiçbirinin üzerine inmemişti" ifadesine dikkatinizi çekerim. Samiriyeliler'in Kutsal Ruh'u almaları için, Kutsal Ruh'un gökten üzerlerine inmesi gerekiyordu.

Daha sonra, Elçiler 10. bölümde Petrus'un, Tanrı korkusuyla dolu Romalı Yüzbaşı Kornelius ve onun akrabalarıyla yakın arkadaşlarına verdiği vaazı okuyoruz:

"Petrus daha bu sözleri söylerken Kutsal Ruh, konuşmayı dinleyen herkesin üzerine indi. Petrus'la birlikte gelen Yahudi imanlılar, Kutsal Ruh armağanının öteki uluslardan olanların da üzerine dökülmesini şaşkınlıkla karşıladılar. Çünkü onların, bilmedikleri dillerle konuşup Tanrı'yı yücelttiklerini duyuyorlardı" (Elçilerin İşleri 10:44-46).

Kutsal Ruh *"indi"* ve *"döküldü"*. Bu ifadeler yukarıdan gelen bir daldırılmayı tanımlıyor. Ayette ısrarla aynı tanımlayıcı terimler kullanılır.

Petrus Yeruşalim'de, kendisini putperest kişilere gidip onlara vaaz etmekle suçlayan arkadaşlarına, daldırılma hakkında konuşurken şöyle dedi: *"Ben konuşmaya başlayınca Kutsal Ruh, başlangıçta bizim üzerimize indiği gibi, onların da üzerine indi. Böylelikle Tanrı, Rab İsa Mesih'e inanmış olan bizlere verdiği armağanın aynısını onlara verdiyse, ben kimim ki Tanrı'ya karşı koyayım?"*

Gördünüz mü hepsi birbiriyle iç içe: Vaftiz, inmek, almak, armağan. Aynı deneyimi anlatan farklı yollar.

19. bölümde Pavlus Efes'teki öğrencilere Müjde'yi açıklarken, benzer bir duruma rastlarız:

"Onlar bunu duyunca, Rab İsa'nın adıyla vaftiz oldular. Pavlus ellerini onların üzerine koyunca Kutsal Ruh üzerlerine indi ve bilmedikleri dillerle konuşup peygamberlik etmeye başladılar" (Elçilerin İşleri 19:5-6).

"Üzerlerine indi" ifadesine dikkatinizi çekiyorum ve bu tasviri Kutsal Kitap'ta başka birçok yerde de bulabilirsiniz. Niyetim sizi bu ifadeyle ilgili alıntılarla daha fazla sıkmaktan ziyade, bu deneyimin öncelikli unsurunu doğrulamaktır. Kutsal Ruh'tan doğaüstü bir şey imanlının üzerine iner, onu suya değil ama Tanrı'nın mevcudiyetindeki göksel zaferin içine daldırır.

Şimdi aranızdan bazılarının şöyle dediğini duyar gibiyim: "İyi de Bay Prince, Elçilerin İşleri sadece tarihi bir kitaptır. Oradan bize öğreti vaaz etmeye hakkın yok." Ancak Elçi Pavlus'un bu fikre katılmadığını Timoteos'a yazdığı 2. Mektup'ta söylediklerinden anlıyoruz:

"Kutsal Yazılar'ın tümü Tanrı esinlemesidir ve (öncelikle) öğretmek, (sonra) azarlamak, yola getirmek, doğruluk konusunda eğitmek için yararlıdır" (2. Timoteos 3:16).

Elçilerin İşleri kitabı, Kutsal Kitap'ın bir parçası olduğundan, öğretmek için yararlıdır. Kutsal Kitap öğretiyi iki şekilde sunar: İfadeler ve emirler yoluyla ya da anlatılan deneyimler ve olaylar yoluyla. Bu iki yolu birleştirdiğimizde, yani olay ve ifade bir araya geldiğinde, Kutsal Kitap'ın söylemek istediği şeye tam anlamıyla ulaşırız. Yap-boz tipi bir bulmacayı birleştirirken eksik kalan parça için şöyle dersiniz ya: "Evet, bu parçada yeşil üstte, mavi alt tarafta olmalı ve bu köşeden başlayıp şu köşeye doğru yerleştirilmeli" ve sonra mükemmel uyan parçayı bulduğunuzda tık diye yerine oturur. Kutsal Ruh'ta vaftizde de böyledir: Elçilerin İşleri kitabında öğreti, deneyim ve olaylar bir aradadır. Bunlar birbirleriyle her açıdan uyuştuklarında hedefe ulaştığınızı bilirsiniz.

İçmek

Bununla birlikte, vaftiz sadece yukarıdan üzerimize inen bir şey değildir. Aynı zamanda içimize de aldığımız bir şeydir. Pavlus 1. Korintliler 12:13'te şöyle diyor: *"...hepimizin bir Ruh'tan içmesi sağlandı."* Bu sözler İsa'nın Yuhanna'da söyledikleriyle bağlantılıdır:

"Bayramın son ve en önemli günü İsa ayağa kalktı, yüksek sesle şöyle dedi: 'Bir kimse susamışsa bana gelsin, içsin. Kutsal Yazı'da dendiği gibi, bana iman edenin içinden diri su ırmakları akacaktır.' Bunu, kendisine iman edenlerin alacağı Ruh'la ilgili olarak söylüyordu. Ruh henüz verilmemişti. Çünkü İsa henüz yüceltilmemişti." (Yuhanna 7:37-39)

Kutsal Kitap'ın olayı nasıl sadeleştirdiğini görüyor musunuz? İsa, Kutsal Ruh armağanının iman edenler için olduğunu söylüyor ve O'nu alma eylemini içme eylemiyle özdeşleştiriyor. Bir kimse susamışsa (yüreğinde bir özlem varsa) bana gelsin ve içsin, yani içimden kendi içine alsın.

Taşmak

Bu noktada harika bir mucize gerçekleşir, susamış insan diri su ırmaklarına dönüşür. Sadece kendi ihtiyacı kadar olanını almakla kalmaz, başkaları için tedarik kanalı olur. Kutsal Ruh'ta vaftizin başkalarıyla ilgili amacı budur. Belki sizde de sizi cennete götürecek kadarı vardır ama bu kadarı, muhtaç dünyamız için asla yeterli değildir. Bu yüzden hayatınızdan dışarı doğru taşan ırmaklara ihtiyacınız var.

Doğu Afrika'da hizmet ederken çok farklı insanlarla karşılaştım. Bunlar arasında, hiçbir eğitimi ve altyapısı olmayan Afrikalılar, eğitimli Afrikalılar, Hindu kökenli Asyalılar, Müslüman Asyalılar ve de kendilerini çoğu kez diğerlerinden biraz daha üstün gören beyazlar vardı. Bu insanlarla ilgilenirken kendime, Pavlus'un 2. Korintliler 2:16'da dediğini söyledim: *"Böyle bir işe kim yeterlidir?"* Yarı çıplak bir kabile adamı ve saray gibi evinde yaşayan Avrupalıyla kim ilgilenebilir? İnsanlara nasıl ulaşabiliriz? Tanrı bana şu ayeti hatırlattı: "Bana iman edenin içinden (diri su ırmağı değil) diri su ırmakları akacaktır" (Herkese yetecek kadar). Bu imandır ve bir deneyimdir.

Aynı zamanda da son derece mantıklıdır. Akademik tezimin konusu mantıktı ve bu yüzden dönüştürülmeye başladığım andan itibaren Kutsal Kitap okumaktan hep büyük bir keyif aldım. Çünkü benim için Kutsal Kitap dünyadaki en mantıklı kitaptır. Kusursuz bir mantık içerir.

Araştırdığım kadarıyla içinde hiçbir hata ya da yanlış bulamadım. Matta 12:34 ayetinin son bölümü şöyle der: *"Çünkü ağız yürekten taşanı söyler."* Kalp taşanı konuşur. Kalp çok dolup içindekini ihtiva edemediğinde nereye taşar? Ağızdan dışarı.

Kutsal Ruh'ta vaftiz doğaüstü bir doluş ve doğaüstü bir taşmadır. Bir kabın dolduğu nasıl anlaşılır? Taşmaya başladığı zaman. Kalbinizin ve ruhunuzun içini göremem; siz de benimkini göremezsiniz. Ama taşma sesini duyduğumda dolduğunu anlarım.

Bugün gerçekten de binlerce insan Kutsal Kitap'tan anlattığım şekilde Kutsal Ruh'ta vaftiz oluyor. Vaftiz açık, mantıklı, Kutsal Kitap'a uygun ve uygulanabilir bir deneyimdir. Zaten uygulanabilir değilse, Kutsal Kitap'a da uygun değildir! Öğretinin, Kutsal Kitap'taki olayların ve kişisel deneyimin uyum içinde olduğu yerde, vaftizin gerçek doğasını keşfederiz.

3

VAFTİZE YAKLAŞIRKEN UYARILAR

Şimdi tüm bunların ışığında üzerinize bu aşamada biraz soğuk su atmak istiyorum. Tanrı'yı ölümüne ciddiye almıyorsanız, Kutsal Ruh'ta vaftiz olmayı tutkuyla istemenizi tavsiye etmiyorum, ruhsal deneyimlerle oyun oynamanızı istemiyorum. Bunun dışında kalmanız daha iyi olur. Çünkü sizden daha fazla hesap sorulacak ve sorunlarınız daha da büyüyecektir. Unutmayın, Pazar okulunun düzenlediği bir piknik organizasyonuna katılmıyorsunuz. Bu konuya doğru açıdan yaklaşmazsak ve ruhsal hayatımızdaki diğer şeylerle bağlantısını doğru kuramazsak son derece tehlikeli olur.

Övünmek istemem ama bu deneyimin içinde geçirdiğim süre yaklaşık kırk yılı geçti. Bu süre zarfında, Hristiyanca yaşamımız, deneyimimiz ve tanıklığımızı bu deneyimle doğru bir şekilde ilişkiye sokmaktaki başarısızlığımızın büyük hasarlara neden olduğuna sıkça tanıklık ettim. Şimdi size bu konuda kısa uyarılarda bulunacağım.

Zorla Vaftiz Olunmaz

Öncelikle, Kutsal Ruh bir diktatör değildir. O bir yardımcı ve bir öğretmendir. Size zorla bir şey yaptırmaz. Bir sorumluluğu yerine getirmekte zorlanan ve şöyle diyen birini düşünün: "Ben yapamıyorum, Kutsal Ruh bana yaptırsın." Bu kişinin zihnindeki Kutsal Ruh resmi yanlıştır, çünkü O bir diktatör değildir. Size zorla bir şey yaptırmaz. Eğer yaşamınızda size zorla bir şey yaptırmaya çalışan bir ruh varsa, yanlış ruha sahipsiniz demektir. Kutsal Ruh'a teslim etmek istediğinizden fazlasını O'ndan alamazsınız. Bazı insanlar Kutsal Ruh'ta vaftizi alırlar ama kayda değer bir yarar sağlayamazlar, çünkü bu deneyimden sonra Kutsal Ruh tarafından eğitilmeye, yönetilmeye ve kontrol edilmeye istekleri yoktur. Kutsal Ruh bunları siz istemedikçe yapmaz. Sürekli bir teslimiyet ve Tanrı'ya hizmet etmek tüm hayatınızı alabilir. Birisi şöyle demişti: "Ruh'la dolmak, Ruh'la dolu kalmaktan çok daha kolay." Ve bu sözde büyük bir gerçek payı vardır.

Vaftiz Bir Seçenek Değildir

İkinci olarak, Kutsal Ruh'ta vaftiz olmak Tanrı'nın bize sağladığı hiçbir şeyin yerine geçemez. Tanrı'nın bize bahşettiği hiçbir deneyim tek başına her şeyi gerçekleştiremez. Size bir örnek vereyim: Efesliler 6'da Hristiyanlar'ın ruhsal silahları anlatılır. Altı tane silahın tamamını kuşanırsanız saçınızın telinden ayak parmak ucunuza kadar korunursunuz. Ama bir tanesini bile es geçerseniz tamamen korunamazsınız. Miğferinizi takmadığınızı varsayalım. Kalkanınız, zırhınız, botlarınız, kuşağınız ve kılıcınızı kuşanmış olun. Bu durumda başınız düşmanın saldırısına karşı korumasızdır ve çoğu Hristiyan bunu yaşar (düşünce hayatları korumasızdır). Başınızdan yaralanırsınız ve kılıcınızla kalkanınızı kullanacak gücünüz kalmaz. Gördünüz mü, beş silahınız var ama altı tane olması gerekiyordu.

Başka bir örnek: Bazıları şöyle der: "İyi de kardeşim, benim sevgim var, armağanlara ihtiyacım yok." Böyle konuşan insanların gerçekten ne kadar sevgileri olduğunu sorgulamayı deneyimlerimden öğrendim. Sevginin esas olarak konuşarak değil eylemle gösterildiğini söylemeliyim. Ama böyle söylemem de Kutsal Kitap'a uygun değil. Çünkü Kutsal Kitap her ikisini de yapmamız gerektiğini söylüyor. Armağanlar sevginin, sevgi de armağanların yerini tutamaz.

Size iki ayet vereceğim:

"Ama siz daha üstün armağanları gayretle isteyin. Şimdi size en iyi yolu göstereyim" (1. Korintliler 12:31).

Bu yol merhamet ve sevgi yoludur. Dikkat edin, daha üstün armağanları gayretle isteyin **"ve** size en iyi yolu göstereyim."** Yani, üstün armağanları gayretle istemek, en iyi yolun gösterilmesi için bir koşuldur, özellikle de söz konusu ayet olması gerektiği gibi tercüme edildiğinde: "Siz daha üstün armağanları gayretle isteyin **ve** ben de size en iyi yolu göstereyim." Bu daha doğru bir çeviridir.

Ve sonra tekrar 1. Korintliler 14'ün ilk ayeti: *"Sevginin ardınca koşun **ve** ruhsal armağanları gayretle isteyin"* der. "Veya ruhsal armağanları gayretle isteyin" demez. Seçim yapmaya çağrılmıyorsunuz, her ikisini de yapmanız emrediliyor. Aksi takdirde Tanrı'nın Sözü'ne itaat etmemiş olursunuz.

Vaftiz Bizi Aşina Olmadığımız Bir Diyara Götürür

Kutsal Ruh'ta vaftiz olmak ruhsal bir deneyimdir, doğaüstü bir deneyimdir ve genellikle birçok Hristiyan için hayatlarının ilk doğaüstü deneyimidir. Böylece bu deneyim onları yeni bir diyara sokar ve o diyarda genellikle evlerinde değillerdir. Diğer başka şeylerin yanında orası aynı zamanda bir ruhsal çatışma diyarıdır. Birçok insan, Kutsal Ruh'ta vaftiz olmadan önce böyle bir yerin olduğunu dahi bilmez.

Size İsa'nın hizmetiyle ilgili küçük bir örnek vereyim:

"O günlerde Celile'nin Nasıra Kenti'nden çıkıp gelen İsa, Yahya tarafından Şeria Irmağı'nda vaftiz edildi. Tam sudan çıkarken, göklerin yarıldığını ve Ruh'un güvercin gibi üzerine indiğini gördü. Göklerden, 'Sen benim sevgili Oğlum'sun, senden hoşnudum' diyen bir ses duyuldu. O an Ruh, İsa'yı çöle gönderdi. İsa çölde kaldığı kırk gün boyunca Şeytan tarafından denendi. Yabanıl hayvanlar arasındaydı, melekler O'na hizmet ediyordu" (Markos 1:9-13).

Bu olay, İsa hizmeti için takdis edildiğinde gerçekleşti. Kutsal Ruh O'nun üzerine indi ve sonra üzerine konut kurdu.

Bu deneyimin doğrudan sonucu olarak ne olduğuna dikkat edin: *"O an Ruh, İsa'yı çöle gönderdi. İsa çölde kaldığı kırk gün boyunca Şeytan tarafından denendi."* İnsan bunu kabullenemez ama bu ruhsal bir gerçektir. Kutsal

Ruh'ta vaftiz olduğunuzda benzer bir durum sizin de başınıza gelebilir. Şeytan'ın ve onun güçlerinin çok daha gerçek olduğu yeni bir ruhsal alana girersiniz. Zihninizin ve ruhunuzun içine doğru daha önce kapalı olan yollar açılır. Bu bir piknik değil, bir gerçektir.

Vaftiz Söz Olmadan Tehlikelidir

Dördüncüsü, Kutsal Ruh'ta vaftiz Tanrı'nın Sözü'yle birleşmelidir. Aksi takdirde çok tehlikeli bir hale gelir. Şu gerçeği iyi gözlemlemenizi istiyorum: İsa çölde Şeytan'ı yendi ve onu yenmek için tek bir silah kullandı. Bu silah Tanrı'nın yazılı Sözü'ydü.

"O zaman Ayartıcı yaklaşıp, 'Tanrı'nın Oğlu'ysan, söyle şu taşlar ekmek olsun' dedi. İsa ona şu karşılığı verdi: 'İnsan yalnız ekmekle yaşamaz, Tanrı'nın ağzından çıkan her sözle yaşar diye yazılmıştır.' Sonra İblis O'nu kutsal kente götürdü. Tapınağın tepesine çıkarıp, 'Tanrı'nın Oğlu'ysan, kendini aşağı at' dedi, 'Çünkü şöyle yazılmıştır: 'Tanrı, senin için meleklerine buyruk verecek.' 'Ayağın bir taşa çarpmasın diye Seni elleri üzerinde taşıyacaklar.' İsa İblis'e şu karşılığı verdi: 'Tanrın Rab'bi denemeyeceksin diye de yazılmıştır.' İblis bu kez İsa'yı çok yüksek bir dağa çıkardı. O'na bütün görkemiyle dünya ülke-

lerini göstererek, 'Yere kapanıp bana taparsan, bütün bunları sana vereceğim' dedi. İsa ona şöyle karşılık verdi: *'Çekil git, Şeytan! Tanrın Rab'be tapacak, yalnız O'na kulluk edeceksin diye yazılmıştır'"* (Matta 4:3-10).

İsa üç kez *"Yazılmıştır"* dedi. Kutsal Ruh'ta vaftiz olmuş biri, Tanrı'nın yazılı Sözü'nü herkesten daha iyi bilmek zorundadır. Kutsal Kitap'ınızı okumaya ve anlamaya ihtiyacınız var. Unutmayın, Şeytan da Kutsal Kitap'tan alıntı yapabilir ve siz bunu ondan daha iyi yapmak zorundasınız.

Efesliler 6:17 şöyle der: *"Ruh'un kılıcını, yani Tanrı sözünü alın."* Kutsal Ruh'un kılıcının ne olduğuna dikkat edin: Tanrı'nın Sözü. Ve onu kuşanmak sizin sorumluluğunuzdur. Siz kılıcı elinize alın, Kutsal Ruh onu kullanır. Ama almazsanız Kutsal Ruh'un kullanacağı bir şey olmaz. Birçok sorun bu korunmasız durumunuzdan kaynaklanır.

Tanrı'nın Sözüyle ilgili olarak son bir uyarı eklememe izin verin: Sözü *bilmek* tek başına yeterli değildir. Söze *itaat* etmeliyiz. Kutsal Ruh'ta vaftiz olmak, bize istediğimiz şekilde davranma yetkisini vermez. Ya da Kutsal Kitap'ın buyruklarına uymamak için bir mazeret olamaz. Deneyimlerimiz ve davranışlarımız her zaman Tanrı Sözü'nün denetiminde olmalıdır.

4

DENEYİMİN AMAÇLARI

Şimdi biraz daha olumlu konuşabilirim. Aslında, olumsuz algılanabilecek uyarıları yapmamın nedeni, olumlu şeylerden bahsetmeye zemin hazırlamaktı. Kutsal Ruh'ta vaftizin amaçları, Tanrı'nın imanlının hayatında başarmak istedikleriyle ilgilidir. Bu deneyimin bunu ne kadar başarabileceği ise imanlının kendisine bağlıdır.

Doğaüstüne Açılan Bir Kapı

Farkındalık ruhuyla okunduğunda, aşağıdaki metinde harika bir vaat vardır:

"Bir kez aydınlatılmış, göksel armağanı tatmış ve Kutsal Ruh'a ortak edilmiş, Tanrı sözünün iyiliğini ve gelecek çağın güçlerini tatmış oldukları halde yoldan sapanları yeniden tövbe edecek duruma getirmeye olanak yoktur. Çünkü onlar Tanrı'nın Oğlu'nu adeta yeniden çarmıha geriyor, herkesin önünde aşağılıyorlar" (İbraniler 6:4-5)

Burada, gelecek çağın güçlerini *"tatmış"* olan *"Kutsal Ruh'un ortakları"*ndan bahsedilir. Bu harika bir tanımlamadır. Aslında gelecek olan çağa ait olan güçler sizin için şimdi ulaşılabilir konuma gelmiştir. Böylece, Kutsal Ruh'la vaftiz olmak sizin için doğaüstüne açılan bir kapıya dönüşür. Bu bir amaç değildir, açılan bir kapıdır. Kapıdan geçtikten sonra o doğaüstü ortamda yürümeye devam etmeniz ve doğaüstünün sizin için doğal olana dönüşmesi için Tanrı tarafından tasarlanmış bir deneyimdir.

Şimdi, Hristiyan Kilisesi'nin bir tasviri olarak Elçilerin İşleri kitabına bakarken sizden bir şey yapmanızı isteyeceğim. Bu kitabı bölümler halinde okuyun ve doğaüstü olaylar çıkartıldığında kaç bölümün dokunulmadan kaldığını bulun. Benim cevabım: Hiçbiri (bir tane bile kalmaz). Doğaüstü olayları eleyerek Elçilerin İşleri kitabını okuduğunuzda, 28 bölümden hiçbiri olduğu gibi kalmayı başaramaz. Doğaüstü olaylardan konuşmadan Yeni Antlaşma Hristiyanlığından bahsedemeyiz.

Elçilerin İşleri kitabından sevdiğim bir ifadeyi paylaşmak istiyorum: *"Tanrı, Pavlus'un eliyle olağanüstü mucizeler yaratıyordu"* (Elçilerin İşleri 19:11). Burada hoşuma giden ne biliyor musunuz? *"Olağanüstü"* kelimesi. Grekçede bu kelimenin anlamı, her gün olan türden olmayan mucizelerdir. Başka bir deyişle, ilk kilisede mucizeler her gün oluyordu, ama bu mucizeler ilk kilisenin bile dikkatini çekecek kadar özel şeylerdi. Yeni Antlaşma Kilisesi hakkında istediğimiz her şeyi kuramsal olarak ortaya koyabiliriz ama doğaüstü olmadan O'nu yaşayamayız.

Tanıklık İçin

"Ama Kutsal Ruh üzerinize inince güç alacaksınız. Yeruşalim'de, bütün Yahudiye ve Samiriye'de ve dünyanın dört bucağında benim tanıklarım olacaksınız" (Elçilerin İşleri 1:8).

Kutsal Ruh'ta vaftiz yukarıdan gelen güçle donanıp tanıklar olmamız için tasarlanmıştır. Dikkat edin "benim tanıklarım" diyor, yani İsa Mesih'in tanıkları olmaktan bahsediliyor. Bir öğretinin ya da öncelikli olarak bir deneyimin değil, bizzat İsa'nın tanıkları. Pentekostal hareketin içinde bulunanların büyük bir kısmı, bir mezhebin, bir kilisenin veya bir deneyimin tanıkları olarak yoldan çıktılar. Gerçek amaç İsa Mesih'in tanıkları olmaktır. Bu şekilde davranan insanların çok başarılı olduğunu göreceksiniz.

Dua İçin

Bu deneyim Hristiyan'ın dua hayatında bir devrim yaratır. Romalılar 8:26-27'ye bir göz atalım:

"Bunun gibi, Ruh da güçsüzlüğümüzde bize yardım eder. Ne için dua etmemiz gerektiğini bilmeyiz, ama Ruh'un kendisi, sözle anlatılamaz iniltilerle bizim için aracılık eder. Yürekleri araştıran Tanrı, Ruh'un düşüncesinin ne olduğunu bilir. Çünkü Ruh, Tanrı'nın isteği uyarınca kutsallar için aracılık eder."

Güçsüz olduğumuza dikkatinizi çekerim (hepimiz güçsüzüz). Bu bir hastalık değil, bedenin doğal zayıflığıdır. Nasıl dua etmemiz gerektiğini bilmeyiz, kimse bilmez, bilen bir kişi bile yoktur.

Yanlış anlaşılmayacağımdan emin olarak şunu söyleyebilirim ki, öğrenci çevremde dinlediğim sevgili kardeşlerimin ve üzerinde çalıştıkları kelimeleri arka arkaya sıralayan sevgili eğitimli genç kardeşlerimin, her şeye kadir Tanrı'ya ne yapması gerektiğini söylemeleri dua değildir.

Gerçek dua bu değildir. Yapması gereken şeyin O'na anlatılmasına Tanrı'nın ihtiyacı yoktur. Tanrı'ya tam olarak yapması gereken sıradaki şeyi söylemeyi akıl yordamıyla bulmaya çalışmak, Yeni Antlaşma duası değildir. Yeni

Antlaşma duasında imanlı, bir Şahıs'ın gelip onun içinde dua toplantısını yönettiği bir tapınak olur. Bu Şahıs Kutsal Ruh'tur. Bizler sadece birer araç oluruz.

İrlanda'da Katolik olarak doğan ve büyüyen bir hanımefendiden bahsetmek istiyorum. Daha sonra Londra'ya geldi, kurtuldu ve Kutsal Ruh'ta vaftiz oldu. Orada, bir otelde hizmetçi olarak çalışırken başka bir İrlanda'lı Katolik kızla aynı odayı paylaştılar.

Bir gün kız ona şöyle dedi: "Sana bir şey sormak istiyorum. Umarım mahsuru yoktur, ama her gece uykuya daldıktan sonra yabancı bir dille konuştuğunu duyuyorum. Bu hangi dil?" Böylelikle söz konusu hanımefendi, her gece bedeni uykuya daldıktan sonra Kutsal Ruh'un onu dua etmek için kullandığını öğrenmiş oldu.

Kutsal Kitap'ın Mesih'in gelini hakkında ne söylediğini okuyun: *"Ben uyuyordum ama yüreğim uyanıktı"* (Ezgiler Ezgisi 5:2). Bu ruhsal bir gerçektir. Eski Antlaşma'da sunağın üzerindeki ateşle ilgili şöyle denir: *"Sunağın üzerindeki ateş sürekli yanacak, hiç sönmeyecek"* (Levililer 6:12). Söz konusu ateş, imanlının yüreğinde bulunan sunakta hiç sönmeden yanan Kutsal Ruh'tur.

Size iki ayet daha göstereyim. Efesliler 6:18: *"Her türlü dua ve yalvarışla, her zaman*

Ruh'un yönetiminde dua edin." Dikkat edin, her zaman Ruh'un yönetiminde diyor. Her zaman kendi anlayışınızla, her zaman kendi bedeninizle dua edemezsiniz ama Kutsal Ruh orada olduğu zaman O bunu sağlar.

Aynı düşünce 1. Selanikliler 5:17 ve 19. ayetlerde bulunur: *"Sürekli dua edin... Ruh'u söndürmeyin."* Bu iki şey birbiriyle bağlantılıdır. Ruh'u söndürebilirsiniz, ateşi söndürebilirsiniz, ama bu Tanrı'nın iradesi değildir. Kutsal Ruh'ta vaftiz ateşi yakar. Pavlus'un Timoteos'a ne söylediğini unutmayın: *"Hala sende olan ruhsal armağanı ihmal etme... Tanrı'nın sana verdiği armağanı alevlendirmen gerektiğini hatırlatıyorum"* (Bkz. 1. Timoteos 4:14; 2. Timoteos 1:6).

Bu doğaüstü deneyimi yaşamayan herkese açıkça söylüyorum. Yeni Antlaşma standardına uygun bir dua hayatları olamaz, bu olanak dışıdır. Yeni Antlaşma Hristiyanlığının doğaüstü olduğunu söylerken kastettiğim budur. Başka türlü olamaz.

Öğretmek İçin

"Ne var ki O, yani Gerçeğin Ruhu gelince, sizi tüm gerçeğe yöneltecek. Çünkü kendiliğinden konuşmayacak, yalnız duyduklarını söyleye-

cek ve gelecekte olacakları size bildirecek" (Yuhanna 16:13).

"Ama Baba'nın benim adımla göndereceği Yardımcı, Kutsal Ruh, size her şeyi öğretecek, bütün söylediklerimi size hatırlatacak" (Yuhanna 14:26).

Kutsal Ruh Kutsal Kitap'ın muhteşem öğretmenidir. İsa Mesih'in vaadine göre, Gerçeğin Ruhu gelince bizi tüm gerçeğe yöneltecek, bize öğretecek ve İsa'nın sözlerini bize hatırlatacaktı.

O aynı zamanda İsa Mesih'i açıklayandır. İsa şöyle dedi: *"O beni yüceltecek"* (Yuhanna 16:14). Bu ikisi beraber gider çünkü İsa, Tanrı'nın yaşayan Sözü'dür ve Kutsal Kitap, Tanrı'nın yazılı Sözü'dür. Kutsal Ruh hem yazılı Söz'ün yazarıdır, hem de onu tercüme etmek için içimizi doldurandır.

1941 yılını hatırlıyorum. Orduda askerdim ve başka bir asker beni Pentekostal bir hizmet toplantısına davet etti. Pentekostal bir hizmet olduğunu bilmiyordum, Pentekostal insanların varlığından da haberim yoktu ve onlar hakkında hiçbir şey duymamıştım. Duymuş olsaydım da gitmek için iki defa düşünürdüm.

O zamanlar Cambridge'de yedi yıl felsefe üzerine çalışmıştım ve Cambridge'deki King Akademisi'nde bölümüm vardı. Dini bir toplantıya eleştirel bir gözle yaklaşanların önde gideniydim. Kendime şöyle dedim: *Bakalım vaiz ne dediğini gerçekten biliyor mu?* Tabi vaazı veren kişi benim bu tavrımı bilmiyordu. Vaazı bir müddet dinledikten sonra bende iki açık ve kesin sonuç şekillendi: Birincisi, vaiz ne hakkında konuştuğunu *biliyordu.* İkincisi, ben *bilmiyordum.*

Bir şey beni etkiledi: Davut, Saul, Samuel ve diğer Kutsal Kitap karakterleri hakkında konuşurken şaşırtıcı olan, tüm bu kişilerden onlarla çok samimiymiş gibi bahsetmesiydi. Sanki sabah onlarla buluşmuş, sonra da gelmiş bize onlardan bahsediyordu. Kendi kendime düşündüm: *Tüm bu insanları nasıl bu kadar yakından tanıyabilir ki?*

Gençliğimde gittiğim okulda zorunlu Kutsal Kitap dersi vardı. Herkesin sıkıldığı ve kaçtığı sabah derslerindeki başarı oranım yüzde doksandı. Ama tüm bunların üzerinden yaklaşık on dört yıl geçmişti. Kutsal Ruh'la vaftiz olur olmaz (bu Pentekostal vaazı dinledikten hemen sonra bir askeri koğuşta oldu), çocukluğumda üzerinde çalıştığım tüm Kutsal Kitap meselleri birden, sanki onları daha evvelki gün okumuşum gibi bana canlı bir şekilde açıldı. Bunu kim yaptı? Kutsal Ruh. Öğretmen O'dur.

İnsan öğretmenlere de ihtiyacımız vardır. Bağnazlığa gerek yok. Kutsal Ruh size başka bir imanlı aracılığıyla da öğretebilir. Bunu ekliyorum çünkü bazı insanlar Kutsal Ruh'a sahip olduklarında, artık öğretilmeye ihtiyaçları kalmadığını düşünüyorlar. Ama öğretmen O'dur, İsa Mesih'i açıklayandır. İsa'nın nerede olduğunu her şeyden daha açık bir şekilde gösterir.

Mesih'in nerede olduğunu biliyor musunuz? Her şeye gücü yeten Tanrı'nın tam sağındadır ve *"yerdeki ve gökteki tüm yetki O'na verilmiştir"* (Matta 28:18).

Pentekost Günü'nde Kutsal Ruh'un dökülüşü, yukarı odadaki öğrenciler için Rab'bin eliyle yazılmış bir mektup gibiydi: "Ulaştım, buradayım, gittiğimi gördünüz, şimdi nerede olduğumu biliyorsunuz."

Bundan hemen sonra Petrus imansız ve Mesih karşıtı Yahudiler'in karşısına dikilip onlara şöyle dedi:

"O, Tanrı'nın sağına yüceltilmiş, vaat edilen Kutsal Ruh'u Baba'dan almış ve şimdi gördüğünüz ve işittiğiniz gibi, bu Ruh'u üzerimize dökmüştür" (Elçiler 2:33).

Petrus yeni bir yolla İsa'nın nerede olduğunu biliyordu. Bunu ona bu kadar açıkça anlatan kimdi? Kutsal Ruh.

Mesih'i Yüceltmek İçin

Danimarka devlet kilisesine üye bir Luteryen olan ilk eşim Lydia, yıllar önce bir gece vakti odasında Kutsal Ruh'la vaftiz oldu. Bu konuda kimse ona baskı yapmamıştı, etkilememişti veya bir öğretişte bulunmamıştı. Doğrudan gökten gelen bir şeydi. Hayatındaki değişim o kadar heyecan vericiydi ki, ne yapacağını bilemiyordu. Danışmak için, yaşını almış ve saygın biri olan Kopenhag'taki Luteryen Kilisesi pastörüne gitti. O'nun diğer pastörlerden daha ruhani biri olduğunu duymuştu.

Eşim şöyle dedi: "Acaba bana yardım edebilir misiniz? Bir sorunum var." Sorunu olan bu genç bayanla ilgilenen pastör sordu: "Sorun nedir?"

"Şey" dedi eşim: "Bana bir şey oldu."

Pastör sordu: "Bunu nasıl tanımlarsın?"

"Dua ettiğim zaman İsa'yla yüz yüze olduğumu hissediyorum."

Luteryen pastörün uzun yıllar önce eşime verdiği cevap şuydu: "Kız kardeşim, muhtemelen Kutsal Ruh'ta vaftiz olmuşsun."

Kutsal Ruh'ta vaftiz bunun içindir (İsa'yı yüceltmek).

Rehberlik İçin

Kutsal Ruh'un ayrıca rehberlik ve uyarı hizmeti vardır.

"Ne var ki O, yani Gerçeğin Ruhu gelince, sizi tüm gerçeğe yöneltecek. Çünkü kendiliğinden konuşmayacak, yalnız duyduklarını söyleyecek ve gelecekte olacakları size bildirecek" (Yuhanna 16:13).

Buna gerçekten ihtiyacımız var. Bugün bulunduğumuz dünyada yaşayabilmek için, bu doğaüstü uyarıya ve yönlendirmeye ihtiyacımız vardır. Yalnızca doğal olana göre yaşarsak çoğu kez yolumuzu şaşırırız.

Size İsa'nın Luka 17:26'da söylediklerini hatırlatayım: *"Nuh'un günlerinde nasıl olduysa, İnsanoğlu'nun gelişinde de öyle olacak."* Nuh'un zamanındaki günah ve adaletsizlik hakkında düşünür ve günümüzdeki duruma benzetiriz. Ama Nuh'un zamanında başka bir şey daha olduğunu hatırlayalım: *"İman sayesinde Nuh, henüz olmamış olaylarla ilgili olarak Tanrı tarafından uyarılınca, Tanrı korkusuyla ev halkının kurtuluşu için bir gemi yaptı"* (İbraniler 11:7). Nuh, dünyanın başına geleceklerle ilgili doğaüstü bir görüm almıştı. Atacağı adımları ve güvende olmanın yolunu biliyordu. Aynı şekilde, nükleer çağda yaşayan sizlerin ve benim de göklerle gerçek ve kişisel bir iletişime ihtiyacımız vardır.

İsa şöyle dedi: *"Çünkü kendiliğinden konuşmayacak, yalnız duyduklarını söyleyecek ve gelecekte olacakları size bildirecek"* (Yuhanna 16: 13). Kutsal Ruh'la vaftiz olduğumuzda göksel konseye kabul ediliriz ve Ruh'un sesini dinleriz. Tehlikeli yerlere binlerce millik yalnız seyahatler eden biri olarak, bu konudaki kişisel tanıklığımla sizi temin edebilirim. Birçok kez beni bekleyen şeyi ve nasıl davranmam gerektiğini bana göstermiş olan Kutsal Ruh'un doğaüstü yönlendirişini ve vahyini, her zaman bilmek isterim. Bugün buna kesinlikle ihtiyacımız var.

Sağlık İçin

"İsa'nın yaşamı bedenimizde açıkça görülsün diye İsa'nın ölümünü her an bedenimizde taşıyoruz. Çünkü İsa'nın yaşamı ölümlü bedenimizde açıkça görülsün diye, biz yaşayanlar İsa uğruna sürekli olarak ölüme teslim ediliyoruz" (2. Korintliler 4:10-11).

Farkına varın, İsa'nın yaşamı "ölümlü bedenlerimizde açıkça görülüyor." *Görünmeyen* bu yaşama yalnızca sahip olmakla kalmıyoruz ama bu yaşam *görünür* şekilde ölümlü bedenlerimizde sergileniyor. İsa'nın yaşamı nedir? Diriliş yaşamıdır, zaferli bir yaşamdır, güçlü bir yaşamdır. Bu yaşamın ölümlü bedenlerimizde görülmesi Tanrı'nın isteğidir.

Bu durumda kötünün işleri için bedenimizde ne kadar yer kalıyor? "Görülme" kelimesinin iki ayette iki kez kullanıldığına dikkat edin. Gerçek ilahi şifa budur. Yani; ilahi sağlık, ölümlü bedenimde şimdi etkin olmaya başlayan sonsuz diriliş yaşamı.

Bu yaşamın yöneticisi kimdir? Bu sorunun cevabı Romalılar 8:10'dadır: *"Eğer Mesih içinizdeyse, bedeniniz günah yüzünden ölü olmakla birlikte, aklanmış olduğunuz için ruhunuz diridir."* Ne harika değil mi?

Rab tarafından kurtarıldığım gece, kurtuluş öğretisi hakkında en ufak bir bilgim yoktu. Öyle ya, Eton ve King's'de eğitim almıştım, kurtuluş hakkında ne bilmem gerekiyordu ki? Bunu söylüyorum ve bu üzücü bir şey ama yirmi beş yaşıma kadar İncil'in vaaz edildiğini duymadım. Yeniden doğmak hakkındaki kişisel deneyimini bana anlatabilecek biriyle de tanışmadım.

İnsanlar Afrika'nın karanlığından bahsederler ama Cambridge'de geçirdiğim yedi yıldan sonra içinde bulunduğum karanlıktan daha fazla ruhsal karanlık içinde olan bir Afrikalı'ya ömrümde rastlamadım. O zamanlar arlanmaz bir küfürbazdım ve çok içerdim. Kurtuluş hakkında bir bilgim yoktu ama bende olmayan bir şeye sahip olan insanlarla tanışma vaktim gelmişti. Tanrı'nın adaletsiz olamayacağını düşündüm. Eğer o insanlara verdiyse bana da vermeliydi.

İstedim ve askeri koğuştaki o gece ben de aldım. Ertesi gün artık küfür etmiyordum. Bara bir içki almak için gittiğimde bacaklarım kapının eşiğinden içeri yürümedi (şaşırtıcı biçimde bacaklarım içeri girmiyorlardı). Yeni bir yönetim altındaydım. İçmek bile istemedim, alışkanlığım beni oraya götürdü.

Küfürbazlık ve ayyaşlığın gücünü böylesine kıran neydi? Mesih içeri girmişti, eski beden öldü. Ölü bir beden içki peşinde koşmaz. Ölü bir beden küfür etmez. Yeni bir yaşam gelmişti. Hangi yaşam? *"Aklanmış olduğunuz için ruhunuz diridir."* İsa Mesih'e iman etmekle aklanmış olan bizler yeni bir yaşama giriş hakkı kazanırız. Kutsal Ruh içimize gelir ve aklanmış olduğumuzdan dolayı sahip olduğumuz yaşamı bize verir.

Romalılar'ı okumaya devam edersek:

"Mesih İsa'yı ölümden dirilten Tanrı'nın Ruhu içinizde yaşıyorsa, Mesih'i ölümden dirilten Tanrı, içinizde yaşayan Ruhu'yla ölümlü bedenlerinize de yaşam verecektir" (Romalılar 8:11).

İsa'nın diriliş yaşamının yöneticisi olan Kutsal Ruh, bu yaşamı ölümlü bedenlerimize verir.

Neredeyse her yerde, Kutsal Ruh'ta vaftiz olan insanların hastalar için dua etmeye başlaması tesadüf değildir. Bunun çok nadir de olsa istisnaları olabilir. Kutsal Ruh'ta vaftiz olmayan bazı insanlar tanıyorum. Bu insanlar Kutsal Kitap'ta gördükleri şifa dualarını imanla uygulamaya çalışıyorlar ve Tanrı da dualarını onurlandırıyor. Tanrı Pentekost Günü'nden önce bile öğrencilerini de aynı şekilde onurlandırıyordu. İsa'nın dünyadaki hizmeti sırasında öğrenciler hastalara yağ sürerek dua etmeye ve cinleri kovmaya gidiyorlardı. Dolayısıyla Tanrı Kutsal Ruh'ta vaftizi almayanların dualarını da onurlandıracaktır.

Yine de, İsa Mesih'in ilahi yaşamının yöneticisi olan Kutsal Ruh insanların hayatlarına girdiğinde, bu yaşamın insanın sadece içsel varlığı için değil dışsal varlığı için de olduğunu göstermek için Tanrı'nın halkının gözlerini açar. Bunun kaçınılmaz olarak gerçekleştiğini görürsünüz.

Birlik İçin

Son olarak başlıktaki ayete geri dönüyorum:

"Hepimiz bir beden olmak üzere bir Ruh'ta vaftiz edildik ve hepimizin bir Ruh'tan içmesi sağlandı" (1. Korintliler 12:13).

Tanrı'nın imanlıları Kutsal Ruh'ta vaftiz etmesinin birleştirici amacını unutmayın. Amaç imanlıları bölmek değil birleştirmektir.

Birleşik Devletler'de biri belli bir kilise hakkında şikayette bulundu. O kilisenin lideri Kutsal Ruh'ta vaftiz olduğunda cemaatin bir bölümü ona katılmış, diğerleri katılmamıştı. Şikayet eden şöyle dedi: "Bu deneyimin sorunu kiliseyi bölmesidir." Şahsen de tanıdığım kilisenin lideri bence iyi bir cevap verdi: "Öyle mi? Bu gerçekten kayda değer çünkü ilk Hristiyan kilisesindeki etkisi tam tersiydi. Yahudiler putperestlerin dillerle konuştuğunu duyduklarında aynı kilise altında birleştiler. Bunu başka hiçbir şey sağlayamazdı."

Benzer şekilde, günümüzde de kalabalık cemaatlere sahip birçok mezhebi birbirleriyle kucaklaştıracak, ellerini havaya kaldırtacak ve başka bir şey yapmadan sadece Tanrı'yı yüceltmelerini sağlayacak yegane şey, Kutsal Ruh'ta vaftizdir.

Bende derin bir etki bırakan bir olayı size aktarmama izin verin. Amerika'nın diğer yakasındaki Washington eyaletinin Spokane şehrinde düzenlenen Full Gospel Businessman kongresinde konuşmacı olarak bulunuyordum. Kongre büyük bir otelde yapılıyordu. Öğleden sonra Kutsal Kitap öğretisi hakkında konuşuyordum ve salonda iki ya da üç yüz kişi vardı. Onlara özellikle Pentekost hareketin etrafında toplanıp, başka hiçbir şey yapmamanın tehlikesinden bahsediyordum.

Konuşmamın sonuna geldiğimde uyulması gereken bir program olmadığından ne yapacağımı bilmiyordum. Öylece orada dikilmiş sessiz bir şekilde bekliyordum ve birden bir bayan dillerle ilahi söylemeye başladı. Mırıldandığı notalardan bunun bir tür Gürcü Ortodoks kilise ilahisi olduğunu fark ettim ve konuşmak için beklediğim platformda yanımda duran koro şefi müzik hakkında oldukça bilgili biriydi. Kadın ilahiyi söylemeyi bitirdiğinde şef şöyle dedi: "Bu çok karmaşık bir melodiydi." Kısa bir süre bekledikten sonra genç bir adam bu kez aynı melodiyi tercüme edilmiş şekliyle İngilizce söylemeye başladı. Yanımda duran şef şunu söyledi: "Kelimeleri notalara hatasız uydurdu." Gün boyunca bu olay iki kez tekrarlandı.

Şimdi size ilginç olan şeyi söyleyeyim: Bu tip toplantılarda pek sık yapmadığımız bir şey yaptım. Etiket merakımız olmadığından, katılımcılara genellikle ait oldukları mezhepleri sormayız. Ama bu kez merak ettim çünkü mükemmel bir bağlantı var gibi görünüyordu. Bu yüzden bu iki insanın mezhepsel aidiyetleri hakkında bilgi edindim ve dillerle ilahi söyleyen bayanın bir Luteryen, genç adamın da bir Pentekostal olduğunu öğrendim. Ama Kutsal Ruh'un birliği içinde İsa Mesih'te birdik.

Bugün İsa Mesih'in kilisesinin önünde iki seçenek var. Bunların birbirini dışlayan seçenekler olduğunu söyleyecek kadar ileri gitmeyeceğim. Ya topluluk; ya da birlik. İnsanlar topluluk kurabilirler ama birliği yalnızca Kutsal Ruh kurar.

5

KUTSAL RUH'U
ALMAK HAKKINDA
KUTSAL KİTAP
NE DİYOR?

Eğer Kutsal Ruh'ta vaftizin doluluğunda yaşayacaksak, Kutsal Ruh'un kim olduğunu ve O'nu nasıl alabileceğimizi anlamamız gerekir.

Kutsal Kitap'ın birçok yerinde Kutsal Ruh'un gündelik hayatımızla ilgili birçok resmine rastlarız ve bu resimlerde Kutsal Ruh genellikle bir şahıs olarak belirtilmez. Rüzgâr, ateş, yağmur, çiy ve yağ isimleriyle nitelendirilir.

Özellikle Yeni Antlaşma'da, Kutsal Ruh'tan bahsedilirken üçüncü tekil eril şahıs olarak *O* öznesi üzerinde vurgu yapılır. Bunun nedeni O'nun yasal olarak bir *Şahıs* olduğuna dikkat çekmektir. Bu yüzden, Kutsal Ruh'un doğasını ve işlerini bir bütün olarak öğrenmek ve içselleştirebilmek için Kutsal Kitap'ı bir bütün olarak algılamaya ihtiyacımız vardır.

İsa'nın Temel Hizmeti Kutsal Ruh'ta Vaftiz Etmekti

Vaftizci Yahya'nın Kurtarıcıyı, yani Mesih'i tanıtırken söylediklerini okuyalım:

"Ben O'nu tanımıyordum, ama İsrail'in O'nu tanıması için ben suyla vaftiz ederek geldim.' Yahya tanıklığını şöyle sürdürdü: 'Ruh'un güvercin gibi gökten indiğini, O'nun üzerinde durduğunu gördüm. Ben O'nu tanımıyordum. Ama suyla vaftiz etmek için beni gönderen, 'Ruh'un kimin üzerine inip durduğunu görürsen, Kutsal Ruh'la vaftiz eden O'dur' dedi. Ben de gördüm ve 'Tanrı'nın Oğlu budur' diye tanıklık ettim" (Yuhanna 1:31-34).

Vaftizci Yahya'nın hizmetinin tüm amacı İsa için yol hazırlamaktı ve bir şeyi özellikle yapması gerekiyordu: İnsanları suda vaftiz etmek. O sadece sözleriyle değil, davranışlarıyla da peygamberlik ediyordu. Suda vaftiz ederek aslında şunu söylüyordu: "Ben suda vaftiz ediyorum. Benden sonra gelen Kutsal Ruh'ta vaftiz edecek."

Ve böylece İsa, Kutsal Ruh'la vaftiz eden diye tanıtıldı. Bu tanıtım, Matta, Markos, Luka ve Yuhanna İncillerinin dördünde de yer alır. Tanrı'nın isteği, İsa'yı İsrail'e öncelikle Kurtarıcı veya Tanrı Kuzusu olarak değil, Kutsal Ruh'la vaftiz eden Kişi olarak tanıtmaktı. İsa'nın hizmetinde Yahya'nın vurguladığı ana unsur budur. Ama garip bir şekilde, birçok kilise yüzyıllar boyunca bunu neredeyse görmezden geldi.

Kutsal Ruh Hakkında İsa'nın Öğretisi

Daha önce bu kitapta kullandığımız bir metinden başlayarak, İsa'nın Kutsal Ruh'la ilgili canlı öğretisine bir göz atalım:

*"Bayramın son ve en önemli günü İsa ayağa kalktı, yüksek sesle şöyle dedi: 'Bir kimse susamışsa bana gelsin, içsin. Kutsal Yazı'da dendiği gibi, bana iman edenin içinden diri su ırmakları akacaktır.' Bunu, **kendisine iman edenlerin** alacağı Ruh'la ilgili olarak söylüyordu. Ruh henüz verilmemişti. Çünkü İsa henüz yüceltilmemişti"* (Yuhanna 7:37-39).

İsa gelecekte olacak bir şey hakkında konuşuyordu. Bu metinde kast edilen şey imansızların Rab'be dönmesi değil, imanlıların Kutsal Ruh'u almasıdır. 39. ayette şöyle deniyor: *"Ruh henüz verilmemişti."* Birçok farklı Kutsal Kitap çevirisinde "verilmemişti" kelimesi farklı yazı karakterindedir (italik). Çünkü o kelime oraya çevirmenler tarafından konulmuştur. Orijinal Grekçeden çevirisi şöyledir: "Kutsal Ruh henüz yoktu." Bu ifadenin, Kutsal Ruh'un henüz var olmadığı anlamına gelmediği çok açıktır. Bu yüzden, Kutsal Kitap çevirmenlerinin bunu nasıl ifade edeceklerine karar vermeleri gerekiyordu. Bence şu kelimeyi de kullanabilirlerdi: *Ulaşılabilir.* Kutsal Ruh henüz *ulaşılabilir* değildi. İsa'nın bahsettiği şey, Kendisi göğe dönmeden ve Baba'nın sağ tarafında bir kez daha yüceltilmeden gerçekleşemezdi. Bu yüzden, vaat Yuhanna 7'de verilmesine rağmen yerine gelmesi İsa yüceltildikten sonra Elçilerin İşleri 2'de gerçekleşti.

Şahısların Nöbet Değişimi

İsa dünyadaki hizmetinin sonuna yaklaşırken, öğrencilerini sistematik olarak şu gerçeğe hazırlamaya başladı: Aralarından ayrılacaktı ama O'nun yerini almak için başka bir Şahıs gelecekti. İsa'nın öğretisinde Kutsal Ruh'un bir Şahıs olarak en güçlü şekilde vurgulandığı nokta burasıdır. İsa'nın söylediklerinin özü, Şahıslar arası bir nöbet değişimiydi. "Ben, Tanrı'nın Oğlu, bir Şahıs olarak gidiyorum. Benim yerime başka bir Şahıs, Kutsal Ruh gelecek."

Yardımcı

"Beni seviyorsanız, buyruklarımı yerine getirirsiniz. Ben de Baba'dan dileyeceğim. O sonsuza dek sizinle birlikte olsun diye size başka bir

Yardımcı, Gerçeğin Ruhu'nu verecek" (Yuhanna 14:15-16).

İsa şöyle diyordu: "Baba'dan ihtiyaçlarınızı karşılamasını isteyeceğim. Aranızdan ayrıldığım zaman, O size başka bir yardımcı gönderecek." Buradaki "başka bir" ifadesi ne anlama gelir? Grekçede bu ifadeyi karşılayan iki kelime vardır. Kelimelerden biri sayısal farklılığı, diğeri ise nitelik farklılığını vurgular. Burada kullanılan kelime ise sayıyla ilgili olandır. Bir ilahi Şahıs olan İsa gidiyordu, ama Baba'dan kendi yerine başka bir ilahi Şahıs isteyecekti ve bu Şahıs Yardımcı idi.

Bir Yardımcı olarak, Kutsal Ruh cesaret verendir. O Tanrı'nın çocuklarının cesaretlerini asla kırmaz. Cesaretinizi kıran herhangi bir etkinin Kutsal Ruh'tan olmadığını aklınıza yerleştirin. O, günah işlediğinizde sizi ayıplar ve ne yapmanız gerektiğini size anlatır. Ama cesaretinizi asla kırmaz. Birçok kişi hayatlarındaki cesaret kırıcı etkilerin Kutsal Ruh'tan olduğunu sanır, ama böyle değildir. O cesaret kıran değil, cesaret verendir.

Gerçeğin Ruh'u

"...Gerçeğin Ruhu'nu verecek. Dünya O'nu kabul edemez. Çünkü O'nu ne görür, ne de tanır" (Yuhanna 14:17).

İman etmeyenlerin aldığı bir şeyden bahsetmediğimize bir kez daha dikkatinizi çekerim. İsa'nın dediği gibi: "Dünya O'nu kabul edemez." Bu, Tanrı'nın tekrar doğan çocuklarının alabileceği bir şeydir. İmansızlar Tanrı'yla bir ilişkileri olmadığından O'nu alamazlar. O'nu görmezler, tanımazlar, anlamazlar ve O onlar için gerçek değildir.

Her Zaman Var Olan Sağlayıcı

"Siz O'nu tanıyorsunuz. Çünkü O aranızda yaşıyor ve içinizde olacaktır. Sizi öksüz bırakmayacağım, size geri döneceğim" (Yuhanna 14:17-18).

Kutsal Ruh olmadan, Hristiyanlar olarak hepimiz öksüz kalırdık. İsa şunu söylüyordu: "Sizi bakıma, öğrenmeye ve yardıma muhtaç öksüzler gibi bırakmayacağım. Gidersem, bunları sağlayacak olan başka bir Şahıs gelecek." İsa'nın bize sağlayışını kabul edersek, Kutsal Ruh sayesinde öksüzler olmamız gerekmez.

İsa şöyle dedi: *"O sonsuza dek sizinle birlikte olsun diye size başka bir Yardımcı verecek"* (16. ayet). "Sonsuza dek" ifadesi çok önemlidir. İsa bir Şahıs olarak, öğrencileriyle üç buçuk yıl beraber olmuştu. Öğrencileri tam da O'nu tanımaya başlamışken, şimdi onları terk ediyordu. Ama Kendinden sonra gelecek olan Şahsın onları asla terk etmeyeceğini söyledi. O sonsuza dek kalmaya gelecekti. O Şahıs Kutsal Ruh'tur.

Öğretmen

Daha sonra Yuhanna 14:25-26'da İsa şöyle dedi:

"Ben daha aranızdayken size bunları söyledim. Ama Baba'nın benim adımla göndereceği Yardımcı, Kutsal Ruh, size her şeyi öğretecek, bütün söylediklerimi size hatırlatacak."

Önceki bölümde Kutsal Ruh'un öğretmen olarak rolünden bahsetmiştik. İsa'nın Kutsal Ruh'a duyduğu güven beni çok etkiler. Biz de Kutsal Ruh'a aynı şekilde güvenmeliyiz. Bazen tüm işi kendimiz yapma fikrine kapılırız ve sanki hepsini biz yapmazsak o iş bitmez zannederiz. Ama İsa şöyle dedi: "Ben yapabileceğimi yaptım. Kutsal Ruh geldiği zaman işi tamamlayacak." İsa'nın açısından bunun bir alçakgönüllülük işareti olduğunu düşünüyorum.

Tanrı'nın benden ne yapmamı istediğini ve neleri Kutsal Ruh'a bırakmam gerektiğini öğreniyorum. Her şeyi kendim yapmam gerektiğini düşündüğümde, genellikle başarısızlıkla sonuçlanıyor. İsa şöyle dedi: "Seni şu anda gidebileceğin mesafeye kadar götürüyorum. Daha fazlasını veremem çünkü kabul edemezsin. Sana sarf ettiğim sözler boşa gider." Bir tastan şişeye su doldururken suyun bir kısmı ziyan olur. Bu yüzden İsa şöyle dedi: "Sizi terk ediyorum, ama Kutsal Ruh geldiğinde her şey yoluna girecek. O'na tam bir güvenim var. İşi O tamamlayacak."

Herhangi bir öğrencilik programının lideriyseniz bunu aklınızda tutmanız çok önemlidir. Yapabileceklerinizin sınırı vardır; kalanını Kutsal Ruh tamamlamak zorunda kalacaktır. Her şeyi yapmaya çalışan insanlar Tanrı'nın yolunu tıkarlar. İsa asla Baba'nın yolunu tıkamadı. Her durumda ne zaman bırakacağını bildi. İlk eşim Lydia şöyle derdi: "Daima zirvedeyken bırakacaksın. İşler sarpa sarana kadar beklemeyeceksin." Bu çok iyi bir tavsiyedir. Bazıları her şey çöküp seçenekleri kalmadığında bırakırlar ve bir de şöyle derler: "Sanırım Tanrı beni başka bir yere çağırıyor." Ne zaman bırakacağını bilmek gerçek bir sanattır. Bu sanat Kutsal Ruh'a duyarlı olmakla ilgilidir. İsa bu yüzden şöyle dedi: "Ben yapabileceğimi yaptım. Ama başka bir Öğretmen geliyor. O iki şey yapacak. Size henüz öğretmediklerimi öğretecek ve öğrettiğim her şeyi size hatırlatacak."

Öğretmek ve hatırlatmak, Kutsal Ruh'un iki büyük hizmetidir. Kutsal Kitap'taki kayıtlar sadece kusurlu insan hafızasına dayanmaz. Her şeyi kesin bir doğrulukla kaleme alabilmeleri için, Kutsal Ruh gelip Kutsal Kitap yazarlarına yardım etti. Her şeyi onlara hatırlattı. Bu kayıtlara güvenebiliriz, çünkü ilham kaynağı Kutsal Ruh'tur.

Kutsal Ruh aynı zamanda, birçok olayı kaydederken vurgulanması gereken yerler hakkında Yeni Antlaşma yazarlarına anlayış verdi. Örneğin, sadece bir yıl önce başınızdan geçen bir olayı anlatmayı deneyin. Ya da o olayın tanığı olan altı kişiden ayrı ayrı o olayı yazıya dökmelerini isteyin. Yazdıklarına baktığınızda aynı olaydan bahsettiklerini neredeyse anlamazsınız. Bunu yapmak kolay iş değildir, ama öğrenciler sadece kendi yeteneklerine güvenmek zorunda değildiler. Onlara, Kutsal Ruh'un her şeyi hatırlatacağı vaat edilmişti.

Uygun Bir Değişim

İsa talimatlar verip öğrencilerini gidişine hazırlarken şöyle dedi:

"Şimdiyse beni gönderenin yanına gidiyorum. Ne var ki, içinizden hiçbiri bana, 'Nereye gidiyorsun?' diye sormuyor. Ama bunları söylediğim için yüreğiniz kederle doldu" (Yuhanna 16:5-6).

Öğrencileri, İsa'nın onları terk etmesinin acı gerçeğinden başka bir şey kavrayamadılar. Ama İsa hepimizin anlaması gereken çok önemli bir şey söyledi:

"Size gerçeği söylüyorum, benim gidişim sizin yararınızadır. Gitmezsem, Yardımcı size gelmez. Ama gidersem, O'nu size gönderirim" (Yuhanna 16:7).

"Size daha çok söyleyeceklerim var, ama şimdi bunlara dayanamazsınız. Ne var ki O, yani Gerçeğin Ruhu gelince, sizi tüm gerçeğe yöneltecek..." (Yuhanna 16:12-13).

Burada yine Şahısların nöbet değişiminden bahsediliyor. İsa şöyle dedi: "Ben burada olduğum sürece Yardımcı gelmeyecek. Ama gidersem Yardımcı'yı Benim yerimi almaya göndermek için özgür olacağım. Bu sizin yararınızadır; çıkarlarınıza en uygun olanıdır." İsa'nın aslında şöyle dediğine inanıyorum: "Şimdi dünyada benimle olup sonra göklerde Kutsal Ruh'la olacağınıza, dünyada Kutsal Ruh'la olup göklerde Benimle olmanız çok daha iyidir."

Bu durum açıkça doğrulandı, çünkü Kutsal Ruh geldiği anda (Pentekost Gününde) İsa'nın öğrencileri O'nun yaşamı, hizmeti ve öğretisiyle ilgili tamamen farklı bir anlayışa kavuştular. O ana kadar İsa'nın kendilerine söylediği çok temel gerçekleri algılamada bile son derece yavaştılar. Kutsal Ruh geldiği anda tamamen farklı bir kavrayışa sahip oldular.

Hristiyanlar'dan şunu çok duyarız: "Keşke İsa'nın dünyadaki hizmeti sırasındaki öğrencilerden olsaydık. O'na ne kadar yakın olsaydık, O'ndan o kadar çok şey öğrenirdik." Ama Kutsal Kitap bunu öğretmiyor. Yuhanna 16:7, bizim şu anda içinde bulunduğumuz durumun, İsa'nın dünyada olduğu ve Kutsal Ruh'un henüz gelmediği öğrencilerin durumundan daha iyi olduğunu söyler. Kutsal Ruh o zaman gelemezdi, çünkü İsa kişisel olarak dünyada bulunuyordu.

"Ne var ki O, yani Gerçeğin Ruhu gelince, sizi tüm gerçeğe yöneltecek. Çünkü kendiliğinden konuşmayacak, yalnız duyduklarını söyleyecek ve gelecekte olacakları size bildirecek" (Yuhanna 16:13).

Kutsal Ruh'a kavuştuğumuzda, saygıyı elden bırakmadan söyleyebileceğimiz şey göğe özel bir hattımız olduğudur. Tanrı'nın konseyinde neler olduğu hakkında bilgilendirilebiliriz.

Yukarıdaki ayette Kutsal Ruh'tan bahsedilirken "O" üçüncü tekil eril şahıs zamiri kulanılır[2]. Grekçede "Ruh" için kullanılan *pneuma* kelimesi nötrdür. Grekçe dilbilgisinde üç cinsiyet vardır: Erkek, dişi ve nötr. Buna göre bu ayette kullanılması gereken zamir nötr olmalıydı. Ama İsa, ya da İncil yazarı Yuhanna bu dilbilgisi kuralına kasten uymayarak Kutsal Ruh için üçüncü tekil eril şahıs zamirini kullandı. Bu da Kutsal Ruh'un üçüncü tekil eril şahıs olduğunun özel bir yolla vurgulanmasıdır.

Kutsal Ruh İsa'yı Yüceltir

"O beni yüceltecek. Çünkü benim olandan alıp size bildirecek" (Yuhanna 16:14).

Kutsal Ruh asla Kendini yüceltmez; İsa'yı yüceltir. Asla Kendine odaklanmaz; İsa'ya odaklanır. Kutsal Ruh'un yaptığı her şey sonuç olarak İsa'yı yüceltmeye yöneliktir. Bu yüzden, öncelikle İsa'yı yüceltmeyen işler Kutsal Ruh'a ait

---

[2] Türkçede tüm üçüncü tekil şahıslar için "o" zamiri kullanılırken, başta İngilizce (he, she, it) olmak üzere birçok yabancı dilde üç değişik zamir kullanılır. "Ne var ki O..." diye başlayan ayetin İngilizcesinde "O" yerine *it* değil *He* kullanılmıştır.

olamaz. Bu, Kutsal Ruh'un işlerini ayırt etmek için iyi bir yoldur.

Kutsal Ruh Sonsuz Mirasımızın Yöneticisidir

İsa'nın açıkladığı başka bir gerçek de, Kutsal Ruh'un mirasımız üzerinde yönetici olduğudur.

"Baba'nın nesi varsa benimdir. 'Benim olandan alıp size bildirecek' dememin nedeni budur" (Yuhanna 16:15).

Baba'nın sahip olduğu her şey Oğul'a ve Oğul'un sahip olduğu her şey Baba'ya aittir. Tüm bunları gösteren ve yöneten de Kutsal Ruh'tur. Romalılar 8:17'de hakkımızda şöyle denir: *"...Tanrı'nın mirasçılarıyız, Mesih'le ortak mirasçılarız."* İsa Mesih'le tüm mirasa yasal olarak paydaşız. Ama unutmamamız gereken önemli şey şudur: Mirası Kutsal Ruh yönetir. İsa şunu söylüyordu: "Kutsal Ruh'u Yöneticim yaptım. Mirası istiyorsanız, Yönetici'yle görüşün."

Bu durum Yaratılış 24. bölümde, İbrahim'in oğlu İshak için bir gelin aradığı hikâyede çok canlı bir şekilde resmedilir. Hikâyede İbrahim bir nevi Baba Tanrı, İshak Oğul İsa Mesih ve Rebeka da Kilise olarak resmedilir. Hikâyede bir kişi daha vardır ve bu kişi de Kutsal Ruh'u temsil eden uşaktır. Hikâyeyi kendiniz için okuduğunuzda, İbrahim ve İshak'ın sahip olduğu her şeyin kontrolünün uşakta olduğunun özellikle belirtildiğini göreceksiniz. Uşak tüm miras üzerinde yöneticiydi. Bunun gibi Kutsal Ruh ta Tanrı'nın tüm mirasının Yöneticisi'dir.

Bazı Hristiyanlar'ın teoride çok zengin ama uygulamada çok fakir olmalarının nedeni, vasiyet mektubunu okudukları halde yasal Yöneticiyle tanışmamış olmalarıdır. Kutsal Ruh, Baba'ya ve Oğul'a ait olan her şeyi alır, görünür hale getirir ve bize verir. Yönetici'yi görmezden gelirseniz, vasiyetteki hiçbir şeyi alamazsınız.

Hristiyanlık bir tür ilahiyata asla indirgenemez, çünkü ilahiyat vasiyet mektubudur. Bu mektubu sonsuza kadar elinizde tuttuğunuz halde hiçbir şey alamayabilirsiniz. Kutsal Ruh'a ne kadar yaklaşırsanız, vasiyetinizden o kadar çok keyif alırsınız. Ama Kutsal Ruh'la doğru bir ilişkiniz yoksa bir kral çocuğu yerine bir yetimin hayatını yaşarsınız. Miras orada durur ama ona ulaşamazsınız.

Üflenen Ruh'u Almak

İsa'nın öğrencileri için, O'nun üflediği Ruh'u almanın ne anlama geldiğini irdelemek istiyorum. İsa dirildiği gün öğrencilerine toplu olarak göründü.

"Haftanın o ilk günü akşam olunca, öğrencilerin Yahudi yetkililerden korkusu nedeniyle bulundukları yerin kapıları kapalıyken İsa geldi, ortalarında durup, 'Size esenlik olsun!' dedi. Bunu söyledikten sonra onlara ellerini ve böğrünü gösterdi" (Yuhanna 20:19-20).

Bedeni mükemmel bir dönüşüm geçirmesine rağmen, öğrencilerin çarmıha gerilirken ve ölürken gördükleri kişiyle aynı kişi olduğu gerçeğinin kesin kanıtını, çarmıhın görünür izleri olarak hala taşıyordu.

"Öğrenciler Rab'bi görünce sevindiler" (Yuhanna 20:20).

O'nun hayatta olduğu gerçeğini kavradıkları zaman yüreklerini devasa ve anlatılmaz bir sevincin doldurduğuna eminim.

*"İsa yine onlara, 'Size esenlik olsun!' dedi. 'Baba beni gönderdiği gibi, ben de sizi gönderiyorum.' Bunu söyledikten sonra **onların üzerine üfleyerek, 'Kutsal Ruh'u alın!'** dedi"* (Yuhanna 20:21-22).

"Üzerlerine üfledi." Günlük Grekçede *"üfledi"* sözcüğü, bir flütçünün sanatını icra eder-

ken nefesini flütün ağzına üflemesini ifade etmek için kullanılır. Flüt ya da benzeri üflemeli bir enstrüman çalanlar üflemek için belli bir mesafede durup, oradan alete doğru üflemezler. Ağızlarını çaldıkları aletin ağız bölümüne yapıştırarak aletin içine doğru üflerler. Şimdi bunu kanıtlayamam ve zaten böyle bir çabam da yok, ama bu ayette ima edilen durum bana göre tam olarak budur. İsa bir gurup öğrencinin önünde durup, nefesini onlara belli bir mesafeden üflemedi. Her birinin yanına yaklaşıp içine üfledi.

Böyle olduğuna inanıyorum çünkü bu yeni yaratılıştı ve insanın bahçedeki ilk yaratılışının adeta bir tekrarıydı. Rab Tanrı aşağı doğru eğildi, kutsal dudaklarını topraktan şekillendirdiği figürün dudaklarına yerleştirdi ve Adem'e yaşam soluğunu üfledi. Buna benzer bir şekilde, Yeni yaratılışın ilk eylemi olarak, dirilmiş Mesih öğrencilerine yalnızca yaşamın değil, diriliş yaşamının soluğunu üfledi.

Adem'in aldığı yaşam soluğuyla öğrencilerin aldığı soluk arasında büyük bir fark olduğuna inanıyorum. Öğrencilerin aldığı soluktaki yaşam, ölüm üzerinde zafer kazanmış bir yaşamdı. Sonsuz yaşamdı. Tahrip edilemez bir yaşamdı. Günahın, ölümün, Şeytan'ın ya da herhangi bir başka şeyin asla egemen olamayacağı ve alt edemeyeceği bir yaşamdı. Onlara üflediği gerçek bir zaferli yaşamdı; Kendi yaşamı. Ve şöyle dedi: *"Kutsal Ruh'u alın."*

Grekçede bu ayette Kutsal Ruh'un başında belirleyici artikel yoktur (İngilizcedeki *the* artikeli bu ayetin orijinal Grekçe çevirisinde yoktur). *"Ruh"* olarak çevrilen *"pneuma"*nın aynı zamanda nefes veya rüzgâr anlamına geldiğini aklınızdan çıkarmayın. Ve O'nun eyleminin sözleriyle birlikte gerçekleştiğine inanıyorum. Onlara kutsal nefesini, yani ilahi diriliş yaşamının soluğunu üfledi ve onlar gerçekten yeniden yaratıldılar. Bu, Yeni yaratılışın ilk gerçekleştiği andı.

O anda, öğrencilerin Yeni Antlaşma kurtuluşu dediğimiz kurtuluşa kavuştuklarına inanıyorum.

Romalılar 10:9, Yeni Antlaşma kurtuluşuna sahip olmak için yapılması gereken iki şeyden söz eder: İsa'yı Rab olarak kabul etmelisiniz ve Tanrı'nın O'nu ölülerden dirilttiğine tüm kalbinizle inanmalısınız. Bu iki adımı atmadan Eski Antlaşma'dakine benzer bir kurtuluşa sahip olabilirsiniz (Mesih'in bedelini ödeyebileceği bir şeyin beklentisi). Ama gerçek bir kurtuluşa sahip olamazsınız. İsa öğrencilerin üzerine üflediğinde, öğrenciler ilk kez tüm kalpleriyle Tanrı'nın O'nu ölülerden dirilttiğine inandılar.

Öğrenciler Kutsal Ruh'a ilkin bir Şahıs olarak değil, bir nefes, sonsuz bir ilahi diriliş yaşamı olarak sahip oldular. Dirilmiş Mesih'i ve üflenen Ruh'u aldılar. Ama İsa'nın Yuhanna İncili'nde verdiği vaatlerin gerçekleşmesi henüz tamamlanmamıştı.

Ruh'un Dökülmesi

Kutsal Ruh'la ilgili vaadin henüz tam anlamıyla yerine gelmediği gerçeğini anlamak çok önemlidir, çünkü İsa bundan kırk gün sonra bile bu vaatten gelecekte gerçekleşecek bir şey olarak bahsetti. Şimdi Elçilerin İşleri kitabına dönerek, İsa'nın dirilişinden kırk gün sonra, göğe alınmadan hemen önce öğrencilerine söylediklerine bir göz atalım:

"Şöyle ki, Yahya suyla vaftiz etti, ama sizler birkaç güne kadar Kutsal Ruh'la vaftiz edileceksiniz" (Elçilerin İşleri 1:5).

"Ama Kutsal Ruh üzerinize inince güç alacaksınız" (Elçilerin İşleri 1:8).

Luka da kendi İncilinde, İsa'nın göğe alınmadan önce öğrencilerine verdiği talimatları kayda geçmiştir:

"Ben de Babam'ın vaat ettiğini size göndereceğim. Ama siz, yücelerden gelecek güçle kuşanıncaya dek kentte kalın" (Luka 24:49).

Kutsal Ruh'la vaftiz olmak hala gelecekteydi. Kutsal Kitap, İsa'nın Elçiler 1:5'te sarf ettiği *"birkaç güne kadar"* sözünün gerçekleştiğini gösterir. On gün sonra, Pentekost Günü'nde öğrenciler İsa'nın vaat etmiş olduğu bu deneyimi yaşadılar. Hangi mezhepten olursa olsun, Yeni Antlaşma yorumcularının tümü, İsa'nın Yuhanna İncili'nde verdiği tüm vaatlerin Pentekost Günü'nde yerine geldiği konusunda hemfikirdirler.

Elçilerin İşleri 2'de anlatılan bu deneyime bir göz atalım:

"Pentikost Günü geldiğinde bütün imanlılar bir arada bulunuyordu. Ansızın gökten, güçlü bir rüzgârın esişini andıran bir ses geldi ve bulundukları evi tümüyle doldurdu. Ateşten dillere benzer bir şeylerin dağılıp her birinin üzerine indiğini gördüler. İmanlıların hepsi Kutsal Ruh'la doldular, Ruh'un onları konuşturduğu başka dillerle konuşmaya başladılar" (Elçilerin İşleri 2:1-4).

Hemen sonrasında, Petrus olanları toplanmış kalabalığa açıkladı: *"Bu gördüğünüz, Peygamber Yoel aracılığıyla önceden bildirilen olaydır: 'Son günlerde, diyor Tanrı, Bütün insanların üzerine Ruhum'u dökeceğim'"* (Elçiler 2:16-17). Bu sözler bize burada neyle karşılaştığımızı gösterir. Bu, vaadin yerine gelmesiydi. Petrus, İsa yüceltildiği için Kutsal Ruh'un verildiğini açıkladı.

"Tanrı, İsa'yı ölümden diriltti ve biz hepimiz bunun tanıklarıyız. O, Tanrı'nın sağına yüceltilmiş, vaat edilen Kutsal Ruh'u Baba'dan almış ve şimdi gördüğünüz ve işittiğiniz gibi, bu Ruh'u üzerimize dökmüştür" (Elçilerin İşleri 2:32-33).

Tüm bu vaatlerin doruk noktası burasıydı. İsa göklerde yüceltildiğinde, Baba'dan Ruh vaadini alıp, Kutsal Ruh'u O'nu bekleyen öğrencilerin üzerine döktü. Kutsal Ruh'ta vaftiz olmak, öğrencilerin Pentekost Günü'nde yaşadığı deneyimdir.

Daldırılmak, Dolmak, Taşmak

Öğrencilerin yukarıda açıklanan deneyimlerinden gördüğümüz nedir? Analitik zihnim burada üç şey görüyor: 1. Bir daldırma veya vaftiz; 2. Bir dolma eylemi; 3. Bir taşma eylemi. Bunun bir paket program olduğuna inanıyorum. Bu paketten bir şeyler alabilirsiniz ve gerçekten almış olursunuz ama öğrencilerin yaşadığı deneyimi alamazsınız.

Kutsal Ruh'ta vaftizin bir daldırma olduğuna inanıyorum. İki tip daldırma vardır. Ben bunları, "yüzme havuzuna daldırma" ve "Nia-

71

gara Şelaleleri'ne daldırma" olarak adlandırıyorum. Suyla vaftiz suyun dibine dalıp sonra yüzeye çıkmaktır. Yüzme havuzuna daldırma diye nitelendirdiğim şey budur. Kutsal Ruh'un vaftizini ise Niagara Şelaleleri'ne daldırma olarak görüyorum. Niagara Şelaleleri'ne gitmiştim ve suyun o muazzam debisiyle kayaların üzerinden dökülüşünü uzun bir süre izlediğimi hatırlıyorum. Kendi kendime şöyle demiştim: *Eğer suya tamamen dalmamışsan akan suyun altında yarım saniye bile duramazsın.* Şelale yukarıdan aşağıya dökülür, sarmalar ve doldurur. Elçilerin İşleri kitabındaki ilk on beş bölümde, Kutsal Ruh'un insanların üzerine geldiğinden bahsedilen her yerde, dillerle konuşmak daima bu gelişin yukarıdan olduğunu ima eder.

Pentekost Günü'nde öncelikle bir daldırma vardı. Tanrı'nın Ruh'u göklerden aşağıya doğru İsa'nın takipçilerinin üzerine gelerek bulundukları evi tamamen doldurdu. Ev tamamen dolmuş olduğundan, öğrencilerden her biri şahsen Kutsal Ruh'un varlığına daldırıldı. Bu kesinlikle kaçınılmazdır.

İkinci olarak, *"...hepsi Kutsal Ruh'la doldular"* (Elçiler 2:4). Ruh onları sadece dıştan sarmalamadı, içlerine de girdi; içsel olarak da doldular.

Üçüncüsü, Ruh'la dolarak *"konuşmaya başladılar"* (4.ayet). Taşma eylemi budur. Matta 12:34'te ne söylendiğini unutmayın: *"Çünkü ağız yürekten taşanı söyler."* Kalp taşacak kadar dolduğunda, taşma konuşmanın yapıldığı ağızdan gerçekleşir. Dolduklarını ne zaman anladılar? Taştıklarında. O ana kadar, nereye kadar dolmuş olduklarını ölçebilecek imkânları yoktu. Ama taştıklarında, dolmuş olduklarını anladılar.

Kutsal Kitap'ın Yaklaşımı

Kutsal Kitap'ın, Kutsal Ruh'ta vaftizi almakla ilgili yaklaşımının bu şekilde olduğuna inanıyorum. İnsanlara bu yaklaşımı öğretirsek alacakları şey de bu olacaktır. Bundan daha azını öğretirsek, insanlar daha azını almaya eğilim göstereceklerdir. Bunu deneyimlerimden biliyorum. Tanrı'nın sunduğu şeyi azaltmak için bir neden göremiyorum: Daldırma, dolma ve taşma.

Belki daha önce Kutsal Ruh'ta vaftiz olmadınız. Bu deneyimi yaşayabileceğinize tüm kalbinizle ikna olursanız, gerçekten yaşayabilirsiniz. Olacağına inandığınız anda olacaktır.

Kutsal Kitap kayıtlarına göre, Kutsal Ruh'ta vaftizin anlık sonuçlarına tanıklık eden birçok kişi neler olduğunu anlamadı. Bazılarımız aynı deneyimi yaşadı. Daha önce bahsettiğim gibi,

1941 yılında İngiliz ordusundayken Rab beni mucizevi bir şekilde gece yarısı bir askeri koğuşta ziyaret etti. Bana İsa'yı gösterdi ve yaklaşık on gün sonra beni Kutsal Ruh'ta vaftiz etti. İlk kez o koğuşta bilinmeyen bir dille konuşmaya başladım.

Koğuşlarımız iki kişilikti ve dönüşüm yaşadığım o gece oda arkadaşım olan asker, beni odanın ortasında yerde sırt üstü uzanmış şekilde buldu. Etrafımda dört dönerek kafasını sallıyor ve şöyle diyordu: "Sana ne yapacağımı bilmiyorum. Sanırım üzerine su dökmek işe yaramayacak."

Tanrı'nın beni Kutsal Ruh'ta vaftiz ettiği gece, bu asker dansa gitmişti. Odada yalnızdım ve dillerle yaklaşık on dakikadır konuştuğum halde henüz ne olduğunu anlamamıştım. Koridorda onun ayak seslerini duyduğumda danstan döndüğünü anladım. Kendi kendime şöyle düşündüm: *Zaten benim tuhaf biri olduğumu düşünüyor. Eğer içeri girdiğinde beni bu anlaşılmaz dille konuşurken bulursa, daha da tuhaf olduğumu düşünecek.* Ne olduğunu ona açıklamaya karar verdim.

Şahsen anlamadığım bir şeyi ona nasıl anlatacağımı bilmiyordum ve ağzımı açtığımda İngilizce yerine bilinmeyen bir dille açıklama yapmaya başladım. Kesinlikle daha da tuhaf biri olduğumu düşündü. Neyse ki, oda arkadaşım bir agnostikti.[3] Herkesin istediği şeyi yapmaya hakkı olduğunu düşünüyordu ve "eğer bu da onun yapmak istediğiyse yapsın" diyordu. Ve bu oldukça hoşgörülü bir yaklaşımdı!

Kutsal Ruh'u Almak

Şimdi, bir imanlı olarak Kutsal Ruh'ta nasıl vaftiz olacağınızı anlaşılır bir dille anlatmak istiyorum. Bu süreci açıklamak için bildiğim en basit yol için Yuhanna 7. bölüme geri dönelim:

"Bayramın son ve en önemli günü İsa ayağa kalktı, yüksek sesle şöyle dedi: 'Bir kimse susamışsa bana gelsin, içsin. Kutsal Yazı'da dendiği gibi bana iman edenlerin içinden diri su ırmakları akacaktır.' Bunu kendisine iman edenlerin alacağı Ruh'la ilgili olarak söylüyordu. Ruh henüz verilmemişti. Çünkü İsa henüz yüceltilmemişti" (Yuhanna 7:37-39).

---

[3] Agnostisizm ya da bilinmezcilik, tanrının ya da tanrıların varlığının ya da yokluğunun bilinemeyeceğini öngören felsefe akımıdır. Bu felsefenin takipçilerine agnostik denir.

Bu ayetlerde, İsa vaftizin nasıl alınabileceğini açıkladı. Rab'bin basit koşullarını yerine getirirseniz, Kutsal Ruh'ta vaftizi alabilirsiniz.

Susamış Olun

İsa şöyle dedi: *"Bir kimse susamışsa"* (Yuhanna 7:37). İlk koşul, susamış olmaktır. Başka bir deyişle, Tanrı'ya daha fazla ihtiyacınız olduğunu hissetmelisiniz. Kutsal Kitap öğrencisi olmanız gerekmez. Bir kiliseden ayrılmanız, bir kiliseye katılmanız, Kutsal Kitap'tan alıntılar yapmanız şart değildir. Kutsal Ruh'ta vaftiz, susamış olanlar içindir. Susuz değilseniz, bunu istemek zaman kaybıdır. Ama bir ilahiyatçı veya Kutsal Kitap uzmanı ya da çok ruhsal bir kişiliğiniz olması gerekmez. Tüm bilmeniz gereken şey, Tanrı'ya daha fazla ihtiyacınız olduğudur.

Çöldeki askerliğim sırasında aşina olduğum şeylerden biri de susuzluktu. Çünkü bulunduğumuz ortamda su sıkıntısı vardı ve her yer sıcak ve tozluydu. Susadığınızda yalnızca bir şey istersiniz; o da su içmektir. Yiyecekle, eğlenceyle, uyumakla ilgilenmezsiniz; sadece içmek istersiniz. Susamış olmak budur.

İsa'ya Gidin

İsa ikinci olarak şunu dedi: *"Bana gelsin"* (Yuhanna 7:37). Bu son derece açık bir ifadedir. Kutsal Ruh'ta vaftiz eden yalnızca tek bir kişi vardır: Rab İsa Mesih. Bu O'nun belirleyici hizmetidir. *"Kutsal Ruh'la vaftiz eden odur"* (Yuhanna 1:33). Vaftiz istiyorsanız, Vaftizci'ye gitmeniz gerekir. İsa şunu da dedi: *"Bana geleni asla kovmam"* (Yuhanna 6:37). Bu yüzden, O'na gittiğinizde sizi kabul edecektir.

İçin

İsa üçüncü olarak şöyle dedi: *"İçsin"* (Yuhanna 7:37). İnsanların sorun yaşadığı yer burasıdır. "İçmek" gönüllü bir eylemle Ruh'u içinize almaktır. Şöyle bir deyim vardır: "Bir atı su kenarına götürebilirsiniz, ama ona su içiremezsiniz." İçmek, yalnızca kişinin kendi rızasıyla gerçekleşir. Sizin yerinize başkası içemez. Ağzınız kapalıyken de içemezsiniz. Ağzınızı açmanız ve görünmeyen suyu, yani Kutsal Ruh'u içmeniz gerekir. "Aptalca görünüyor" diyebilirsiniz. Nasıl göründüğü kimin umurunda ki? Bunu umursuyorsanız, umursamadığınızda tekrar deneyin. Bunları yapıp da Kutsal Ruh'u almayan birine henüz rastlamadım.

İşte atacağınız üç adım: Susayın, İsa'ya gidin ve için. Siz üzerinize düşeni yaparsanız Tanrı da kendi üzerine düşeni yapar. İsa aslında şunu söylüyordu: "Hayat suyunu içerek içinize aldığınızda, o su ırmaklara dönüşür." Ne kadar harika bir dönüşüm değil mi? Nihayetinde sadece susuz olan bir insan, su ırmaklarının bir kanalına dönüşür. *"İçinden diri su ırmakları akacaktır"* (Yuhanna 7:38). İngilizce tercümesinde *içinden* kelimesi yerine *midesinden* kelimesi kullanılır.

Kutsal Ruh'ta vaftiz olduğumda, bilincinde olduğum bir şey vardı: Süreç karnımın içinde başladı. Öyle ki, başladığı yerin üzerine elimi koyabilirdim. O zamanlar midenin bir nevi dünyevi bir organ olduğunu ve ruhsal bir şeyin başlaması için uygun bir yer olmadığını düşünürdüm. Ama İsa şöyle dedi: *"İçinden (midesinden)..."* (Yuhanna 7:37). Bedeninizin en içteki bölümünden, içinizdeki bir yerden, diri su ırmakları dışarıya doğru akacaktır. Tanrı'nın, Kutsal Ruh'un tapınağı olması amacıyla bedenimizde yarattığı özel bir bölge olduğuna inanıyorum. Diri su ırmakları bu bölgeden dışarıya akacaktır.

Taşma budur. Bir kez daha: *"Çünkü ağız yürekten taşanı söyler"* (Matta 12:34). Öğrencilerin hepsi Kutsal Ruh'la doldular ve konuşmaya başladılar. Bu, doğaüstü bir dolma ve taşmaydı. Bilmedikleri dillerle konuştular.

Bu noktaya geldiğinizde iki sorunla karşılaşacağınızı deneyimlerime dayanarak söyleyebilirim. Birincisi, şunu diyebilirsiniz: "Tamam, her şeyi Tanrı'nın yapmasını istiyorum." Ama bu Kutsal Kitap'a uymaz. Konuşmayı öğrenciler yaptı; dili Kutsal Ruh verdi. Kutsal Ruh sizin yerinize konuşmaz. Bunun için beklerseniz, sonsuza kadar beklersiniz.

Bir Pentekostal kilisede, vaftiz olmak için yirmi beş yıldır bekleyen bir adamla tanıştım. Ona şöyle dedim: "Konuşmaya başlarsan, Kutsal Ruh sözleri verecektir." "Ama" diyerek söze başladı: "Ben her şeyi Tanrı'nın yapmasını istiyorum." Bunun üzerine şöyle dedim: "İyi de, sen Tanrı'nın istemediği bir şeyi istiyorsun. Tanrı senin üzerine düşeni senin yapmanı istiyor ve O da kendi üzerine düşeni yapacak. Ama Tanrı senin yapman gerekeni yapmayacak."

Belki de bunu o kadar güçlü ve doğaüstü bir deneyim olarak görüyorsunuz ki, bir patlama yaşayıp tamamen kontrolünüzü kaybedene kadar hiçbir şey yapmama eğilimindesiniz. Bu doğru değil. Konuşmaya başladığınız zaman, sizi asla zorlamayan Kutsal Ruh, sözleri size verecektir.

İkinci sorun, dillerle konuşmaya başladıktan sonra ortaya çıkar. Herkese olmasa da, bu deneyimi yaşayan insanların yarısından fazlasında görülür. Nereden geldiği belli olmayan zayıf bir ses şöyle fısıldar: "Bu gerçek değil. Bu konuşmayı yapan sensin." Böyle bir şey olduğunda vereceğiniz cevap şudur: "Haklısın Şeytan ve bu fısıltının senden geldiğini biliyorum. Evet konuşmayı yapan *ben*im ama sözleri Kutsal Ruh veriyor."

Şeytan'ın fısıldayabileceği bir şey daha olabilir: "Bu sözler kulağa aptalca geliyor. Doğru şeyi söylediğini nereden biliyorsun?" Bunu şöyle cevaplamayın: "Biliyorum çünkü harika hissediyorum." Çünkü ertesi sabah daha az harika hissedebilir ve bu yüzden ağzınızdan çıkan sözleri sorgulamaya başlayabilirsiniz. Doğru şeyi yaptığınızı gösteren cevap şu olmalıdır: İsa'nın vaadine göre, Baba'dan Kutsal Ruh'u istediğinizde size başka bir şey vermeyecektir.

"Hanginiz kendisinden ekmek isteyen oğluna taş verir? Ya da balık isterse yılan verir? Sizler kötü yürekli olduğunuz halde çocuklarınıza güzel armağanlar vermeyi biliyorsanız, göklerdeki Babanız'ın, kendisinden dileyenlere güzel armağanlar vereceği çok daha kesin değil mi?" (Matta 7:9-11).

"Sizler kötü yürekli olduğunuz halde çocuklarınıza güzel armağanlar vermeyi biliyorsanız,

gökteki Baba'nın, kendisinden dileyenlere Kutsal Ruh'u vereceği çok daha kesin değil mi?" (Luka 11:13).

Oğul İsa Mesih aracılığıyla Baba Tanrı'ya gidip Kutsal Ruh'u istediğinizde, yanlış bir şey alma olasılığınız yoktur. Bu yüzden, güvenceniz ne hissettiğiniz değildir. Güvenceniz Tanrı'nın ne dediğidir. Bu bir hissetme meselesi değil, Tanrı'nın Sözü'ne iman etme meselesidir.

İkinci Bölüm:

RUH'UN DOLULUĞUNDA YAŞAMAK

6

RUH'LA YÖNLENDİRİLMEK

Geçen bölümde Kutsal Ruh'un beş hizmetinden bahsetmiştim:

Öğretmen,
Hatırlatan,
Yönlendiren (Rehberlik Eden),
Açıklayan ve
Yöneten.

Bu bölümde, Kutsal Ruh'un özellikle yönlendiren hizmetine odaklanmak istiyorum.

Tekrar Yuhanna 16:13 ayetine bir göz atarak başlayalım: *"Ne var ki O, yani Gerçeğin Ruhu gelince, sizi tüm gerçeğe yöneltecek"* Burada, Kutsal Ruh'un rehberimiz olmak için geldiğinin Kutsal Kitap'taki açık bir ifadesini görüyoruz. Kutsal Ruh'ta vaftiz edildiğimizde, Kutsal Ruh tarafından yönlendirilmeyi öğrenmemiz ve Mesih'in bize sağladığı lütufta yaşayarak Ruh'ta ürün vermemiz gerekir.

Hristiyan Olgunluğu Düzenli Olarak Ruh'la Yönlendirilmek Demektir

Romalılar 8:14'de Pavlus, mükemmel Hristiyanlar haline nasıl gelebileceğimiz hakkında konuşur: *"Tanrı'nın Ruhu'yla yönetilenlerin hepsi Tanrı'nın oğullarıdır."* Buradaki fiilin zamanı şimdiki geniş zamandır. Başka bir deyişle, Tanrı'nın Ruhu'yla *düzenli olarak* yönetilenler Tanrı'nın oğullarıdır. Oğullar kelimesi burada olgunluğu ifade eder. Bu kelimeyle küçük bir bebekten değil, olgunlaşmış bir oğuldan bahsedilir. Tabi ki, Tanrı'nın çocukları olmak için Tanrı'nın Ruhu'ndan tekrar doğmalıyız. Yuhanna 3. bölümde İsa bu konuda çok nettir. Ancak bir kez yeniden doğduğumuzda, büyüyebilmek ve olgunlaşabilmek için istikrarlı bir şekilde Ruh'la yönlendirilmeye ihtiyaç duyarız.

Yeniden doğan ve hatta Kutsal Ruh'ta vaftiz olan birçok Hristiyan'ın Ruh'la yönlendirilmeye devam etmemesi acıklı bir gerçektir. Bunun sonucunda olgunluğa ulaşamazlar ve Tanrı'nın istediği dolulukta Hristiyanlar olamazlar. Esasında, Kutsal Ruh hakkında en çok konuşan insanlardan bazıları, Kutsal Ruh tarafından yönlendirilmeyi en az bilenlerdir. Elli yılı aşkın bir süredir Pentekostalım. Pentekostallar için Tanrı'ya müteşekkirim ve kurtuluşumu onlara borçluyum.

Ama "1986'da Kutsal Ruh'ta vaftiz oldum ve dillerle konuştum ve olay budur" diye konuşan tipte insanların muhtemelen tamamı bugün Kutsal Ruh'un dokunuşundan yoksundur. Vaftiz bir defalık bir deneyim değildir; Baba, Oğul ve Kutsal Ruh'la devam eden bitmeyen bir ilişkidir.

Ruh'la Yönlendirilme Yeteneğimiz Lütfu ve Yasayı Algılama Şeklimize Bağlıdır

Hristiyanlar'ın ruhsal olgunlaşmada başarısız olmalarının nedenlerinden biri, Mesih tarafından aklanmanın ne demek olduğunu gerçekten anlamamış olmalarıdır. Kutsal Ruh'a kendilerine rehberlik etmesi için izin vermekte zorlanırlar çünkü yollarını bulmak için başka bir yönteme güvenirler.

Kutsal Kitap, Tanrı tarafından aklanmanın iki farklı yolunu bize gösterir. Bu iki yol arasındaki ayırım son derece önemlidir ve Yeni Antlaşma'nın ana temasını oluşturur. Ama gözlemlerime göre imanlıların çoğu bu önemli konu üzerinde pek durmazlar. Bu iki yol *yasa* ve *lütuf*tur. Kutsal Kitap bu iki yolun karşılıklı olarak etkin olduğunu ve birbirinin yerine kullanılamayacağını açıklar. Eğer yasa yoluyla aklanmak istiyorsanız, lütuf yolunu kullanamazsınız. Diğer yandan aklanmak için seçtiğiniz yol lütuf ise, o zaman bunu yasanın gereklerini yerine getirerek yapamazsınız.

Bu gerçeğin önemi devasa boyuttadır. Çünkü gördüğüm ve tanıdığım kadarıyla, birçok Hristiyan'ın hayatlarını hem yasa ve hem de lütufla sürdürmeye çalıştıklarını biliyorum. İşin aslı ikisini de anlamamış olmalarıdır. Ancak, bu iki yolu da anlamak Kutsal Ruh'la yönlendirilebilmek açısından hayati önem taşır.

Yasanın Doğası

Yasa, yerine getirmeniz gereken bir dizi kuraldır. Yasadaki her bir kuralı her zaman yerine getirirseniz aklanırsınız. Diğer yandan lütuf, çalışarak ulaşacağımız veya kazanacağımız bir şey değildir. Bir şeyi elde etmek için çalışıyorsanız veya ona ulaşmayı arzuluyorsanız, o şey lütuf değildir. Lütuf Tanrı'dan bir yolla alınabilir. Efesliler 2:8 şöyle konuşur: *"İman yoluyla, lütufla kurtuldunuz. Bu sizin başarınız değil, Tanrı'nın armağanıdır."* Lütuf sadece imanla gelir ve sonucu aklanmadır.

Bu yüzden eğer aklanmak istiyorsanız, eğer Tanrı'nın olgunluğuna ulaşmak istiyorsanız, bunu yasayla mı yoksa lütufla mı yapacağınıza karar vermeniz gerekir. Kutsal Kitap'ın tavsiyesine uyarsanız, yasayla yapmaya uğraşmazsınız çünkü Kutsal Kitap'ın söylediğine göre hiç kimse yasanın gereklerini yerine getirerek Tanrı tarafından aklanamaz.

Bunun nedenini anlayabilmek için yasanın bazı koşullarına bir göz atalım. Anlamanız gereken temel ilke şudur: Yasayla aklanmak için, yasanın *tamamını her zaman* yerine getirmelisiniz. Yasanın tamamını bazen yerine getirmek yeterli değildir. Tüm yasayı sürekli olarak yerine getirmezseniz, yasa sizi aklayamaz.

Pavlus bu olguyu Galatyalılar'a yazdığı mektupta açıkladı: *"Yasa'nın gereklerini yapmış olmaya güvenenlerin hepsi lanet altındadır. Çünkü şöyle yazılmıştır: 'Yasa Kitabı'nda yazılı olan her şeyi sürekli yerine getirmeyen herkes lanetlidir'"* (Galatyalılar 3:10). Bunun benzerini Yakup'ta da görürüz:

"Çünkü Yasa'nın her dediğini yerine getirse de tek konuda ondan sapan kişi bütün Yasa'ya karşı suçlu olur. Nitekim 'Zina etmeyeceksin' diyen, aynı zamanda 'Adam öldürmeyeceksin' demiştir. Zina etmez, ama adam öldürürsen, Yasa'yı yine de çiğnemiş olursun" (Yakup 2:10-11).

Yani, kutsamayı almak ve lanetten kaçınmak istiyorsanız, yasadaki her kuralı her an yerine getirmelisiniz. Yasadan önemli olduğunu düşündüğünüz bir buyruğu alıp "Bunu yerine getireceğim ama diğerlerini getirmeyeceğim" diyemezsiniz. Her buyruğu yerine getirmelisiniz. Aksi takdirde yasa, *aklanmaya ulaşma aracı* olarak işe yaramaz.

Kutsal Kitap'a göre, hiç kimse tüm yasayı yerine getirmeyi başaramaz. Bu gerçek birçok ayette açıkça belirtilmiştir. Şimdi bunlardan ikisini görelim:

"Bu nedenle Yasa'nın gereklerini yapmakla hiç kimse Tanrı katında aklanmayacaktır. Çünkü Yasa sayesinde günahın bilincine varılır" (Romalılar 3:20).

Pavlus burada Tanrı'nın gözünde yasanın gereklerini yerine getirerek aklanmanın hiçbir insan için mümkün olmadığını söylüyordu.

"O zaman Tanrı Musa'nın yasasını neden verdi?" diye bir tartışma başlatabilirsiniz. Yasa asla herhangi birinin aklanması için verilmedi. Verilmesinin bir amacı, kurtarılmaya ihtiyacımız olduğunu bize göstermekti. Bir diğer amacı da, kendi kendimizi kurtaramayacağımızı bize göstermekti.

"Çünkü biz benliğin denetimindeyken, Yasa'nın kışkırttığı günah tutkuları bedenimizin üyelerinde etkindi. Bunun sonucu olarak ölüme götüren meyveler verdik" (Romalılar 7:5)

Bu şaşırtıcı bir ifadedir. Yasanın günah tutkularını kışkırttığından söz eder. Pavlus şu sözleri söylerken bundan bahsediyordu: *"Günah ise gücünü Kutsal Yasa'dan alır"* (1. Korintliler 15: 56). Yasa günah işlememize engel olmadı; içimizdeki günahı harekete geçirdi. On beş yaşımdayken Anglikan kilisesine kabul edildiğimde, olduğumdan çok daha iyi olmam gerektiğinin ilk kez farkına vardım. Böylece tüm soruları öğrendim, tüm cevapları ezberledim ve şöyle dedim: "Artık kabul edildim, daha iyi olacağım." Ve bu konuda çok samimiydim. Ancak sorun şuydu ki, daha iyi olmayı daha sıkı şekilde denedikçe, daha çabuk bir şekilde kötüye gidiyordum. Daha iyi olmayı denediğim o zamana kadar hiç bu kadar kötü olmamıştım. Çünkü içimdeki bir şey harekete geçmişti. Bunun ne olduğunu o zaman bilmiyordum, ama Pavlus'un eski yaratılış, asi, benlik dediği şey tam buydu. Bu, doğru şeyi kendi gücünüzle yapmaya çalışıp yapamayacağınızın farkına vardığınız durumdur. Bu şekilde ne kadar çok denerseniz, o kadar az başarırsınız.

Yasanın verilmesinin üçüncü bir nedeni de, bizi kurtarabilecek olan Kurtarıcı'yı önceden gösterip, kehanette bulunmaktır.

Pavlus bize yasanın bu üç amacını şöyle gösterdi: *"Yani imanla aklanalım diye Mesih'in gelişine dek Yasa eğitmenimiz oldu"* (Galatyalılar 3:24). "Eğitmen" kelimesinin Grekçedeki karşılığı *pedagog* olarak da bildiğimiz *paidagogos*tur. Bu kelimenin orijinal anlamı, zengin adamın ev halkının içinde, küçük çocukların gelişiminden sorumlu olan kıdemli köledir. Bu kölenin iki işi vardı. Öncelikle, çocuklara temel eğitimi vermekten sorumluydu (alfabeyi, terbiyeyi, iyiyi ve kötüyü öğretmek gibi). Sonra, çocuklar bu aşamayı geçtiklerinde, onları sokağa çıkarır ve gerçek öğretmenlerin olduğu bir okula götürürdü. Yasa da bunun gibi bize aklanmanın temel unsurlarını öğretir ve bununla beraber bizi gerçek dersi öğrenebileceğimiz okula yönlendirir. Bu okul, Mesih'tir. Buradaki benzetme çok canlı ve zihin açıcıdır.

Galatyalılar 2:16'da Pavlus şöyle der: *"Yine de insanın Kutsal Yasa'nın gereklerini yaparak değil, İsa Mesih'e iman ederek aklandığını **biliyoruz**"* Mesele şu ki sevgili arkadaşlar, *insanın Kutsal Yasa'nın gereklerini yaparak değil, İsa Mesih'e iman ederek aklandığını* gerçekten *biliyor musunuz*?

"...Bunun için biz de Yasa'nın gereklerini yaparak değil, Mesih'e iman ederek aklanalım diye Mesih İsa'ya iman ettik. Çünkü hiç kimse Yasa'nın gereklerini yaparak aklanmaz" (Galatyalılar 2:16).

Yasanın gereklerini yerine getirerek değil, Mesih'e iman ederek aklanalım diye Mesih'e iman ettik. Galatyalılar'ın üçüncü bölümüne geri dönersek: *"Tanrı katında hiç kimsenin Yasa'yla aklanmadığı açıktır. Çünkü 'İmanla aklanan yaşayacaktır'"* (Galatyalılar 3:11). Yasayla yaşamanın alternatifi lütufla yaşamaktır. Bunlar birbirine karşıt iki yöntemdir. Sadece imanla yaşadığımızda, Kutsal Ruh'a rehberimiz olması için güvenebilir ve bizi yönlendirmesine izin verebiliriz.

Daha önce değindiğim gibi, birçok Hristiyan imanla yaşamıyor. Yaşadıkları yer bir tür "alacakaranlık"tır. Yasayla lütuf arasında bir yerdeler. Ama işin aslı, ölümün egemenliğinden İsa'nın ölümü aracılığıyla kurtulduğumuz ve Ruh'la yönlendirilmek için artık özgür olduğumuzdur.

"Aynı şekilde kardeşlerim, siz de bir başkasına —ölümden dirilmiş olan Mesih'e— varmak üzere Mesih'in bedeni aracılığıyla Kutsal Yasa karşısında öldünüz. Bu da Tanrı'nın hizmetinde verimli olmamız içindir" (Romalılar 7:4).

Pavlus burada, yasa altına girmenin ölümlü bedenlerinizle evlilik antlaşmasına girmeye benzediğini söylüyordu. Yasayı yerine getirmeyi ne kadar çok deneseniz de başaramazsınız, çünkü içinizdeki isyankâr doğru şeyi yapmayacaktır. Ancak iyi haber şu ki; İsa çarmıhta öldüğü zaman, isyankâr doğamız da O'nunla birlikte öldü:

"Artık günaha kölelik etmeyelim diye, günahlı varlığımızın ortadan kaldırılması için eski yaradılışımızın Mesih'le birlikte çarmıha gerildiğini biliriz. Çünkü ölmüş kişi günahtan özgür kılınmıştır" (Romalılar 6:6-7).

"Şimdiyse biz, daha önce tutsağı olduğumuz Yasa karşısında öldüğümüz için Yasa'dan özgür kılındık. Öyle ki, yazılı yasanın eski yolunda değil, Ruh'un yeni yolunda kulluk edelim" (Romalılar 7:6).

Yasa, Tanrı Sözü'nün bir parçası olarak sonsuza kadar kalacak; Tanrı'nın Sözü asla son bulmayacak. Ama *aklanma aracı olarak*, Mesih yasayı sona erdirdi. *"Oysa her iman edenin aklanması için Mesih, Kutsal Yasa'nın sonudur"* (Romalılar 10:4).

Artık günahkâr doğamız öldüğüne veya çarmıhta çivilendiğine göre, Pavlus farklı bir birleşmeye girmek için özgür olduğumuzu söyler. Bu birleşme, Ruh aracılığıyla dirilmiş Mesih'te gerçekleşir. *"Aynı şekilde kardeşlerim, siz de bir başkasına –ölümden dirilmiş olan Mesih'e– varmak üzere..."* (Romalılar 7:4).

Benliğimizle evliyken, benliğin ürününü veriyorduk. Ama artık Kutsal Ruh aracılığıyla dirilmiş Mesih'le *birleştiğimizden*, O'nun doğruluğunun ürününü, yani Ruh'un ürününü veriyoruz. Bu anlamda, ne yapmaya çalıştığımız değil, neyle birleştiğimiz yaşam şeklimizi belirler. Hristiyan mesajının özü budur. Bütün yaptığınız şey, sadece iyi olmaya çalışmak ve doğru olanı yapmaksa, bu mesajı anlayamamışsınız demektir. Ama Mesih'le birleşip o birlik içinde yaşarsanız, o zaman Ruh'la yönlendirilen bir yaşamınız olur.

Lütfun Doğası

Ancak günah illetiyle çaresiz bir hastalığa yakalandığımızın farkına vardıktan sonra, iyileşmek için gerekli olan ilacı gerçekten isteriz. Aslında, Tanrı'nın sizi aklama yolunu gerçekten kabul ederseniz, bu noktaya gelmeniz gerekir. Bu yol yasa değil, lütuftur.

Lütuf, Tanrı'nın hak etmediğimiz iyiliğidir. Dindar insanlar Tanrı'nın lütfunu kabul etmekte zorlanırlar, çünkü şöyle düşünürler: "Bunu elde etmek için bir şey yapmam gerekir." Tanrı tarafından kurtarıldığım zaman dindarlığı bıraktım, pervasızca ileriye atıldım ve her şeye sahip oldum. Bir hafta içinde kurtarılmış, Kutsal Ruh'ta vaftiz olmuş ve Kutsal Ruh'un armağanlarını almıştım. Ama benimle beraber aynı toplantıya katılan sıkı dindar bir asker vardı ve benim birkaç günde sahip olduğum şeylere sahip olması haftalar aldı. Çünkü bu şeyleri kazanmaya çalışıyordu ve onlara sahip olabilmek için yeterince iyi olması gerektiğini düşünüyordu.

Kutsal Ruh'ta vaftizi alabilmek için yeterince iyi olmak gerektiğini düşünen ve bu yüzden buna sahip olamayan bir sürü insanla konuştum. Vaftize hak kazanmak için asla yeterince iyi olamazsınız. Yapabileceğiniz hiçbir şey, Tanrı'nın üçüncü şahsının gelmesini ve fiziksel bedeninize girmesini sağlayamaz. Lütfun kazanılamayacağını gerçekten anlamalısınız. Tanrı yapmayı seçmezse asla gerçekleşemeyecek bir şeyden bahsediyoruz. Tanrı'nın lütfunu asla anlayamayacağız, ama ona *sahip olabiliriz*.

Yasayla Veya Lütufla Yaşamak

Tartışmamızın can alıcı noktası şudur: Ya yasayla, ya da lütufla yaşamayı seçmek zorundasınız; ikisini birden seçemezsiniz. Pavlus, Tanrı'nın lütfunu almış olan insanlara konuşurken şöyle diyordu: *"Günah size egemen olmayacaktır. Çünkü Kutsal Yasa'nın yönetimi altında değil, Tanrı'nın lütfu altındasınız"* (Romalılar

6:14). Bu konuda, Romalılar ve Galatyalılar mektupları arasında bir bağlantı vardır. Galatyalılar 5:18 şöyle der: *"Ruh'un yönetimindeyseniz, Yasa'ya bağımlı değilsiniz."* Yasa ve lütfun birbirlerine zıt seçenekler olduğuna dikkat edin. Yasa altındaysanız, lütuf altında değilsiniz. Lütuf altındaysanız, yasa altında değilsiniz.

Pavlus, yasa altında olmadığınız için günahın size egemen olmayacağını söyledi. Bundan ne çıkarabiliriz? Eğer yasa *altındaysanız*, günah size egemen *olacaktır*. Bunu anlıyor musunuz? Bu çok önemli bir ayettir. Bize iki şey öğretir. Birincisi, yasayla aklanmaya çalışırsak, günah bize egemen olacaktır. İkincisi, lütufla aklanmayı istiyorsak, bunu yasayla yapamayız.

Bölümün başında değindiğimiz Romalılar 8:14'e tekrar bakalım: *"Tanrı'nın Ruhu'yla yönetilenlerin hepsi Tanrı'nın oğullarıdır."* Tanrı'nın çocukları olarak nasıl yaşayabiliriz? Bir dizi kuralı yerine getirmekle mi? Hayır. Kutsal Ruh tarafından yönetilmekle. Tanrı'nın olgun çocukları olarak yaşamanın tek yolu budur.

Yasa veya bir dizi kural, Hristiyan olduğunu söyleyen birçok kişi için bir koltuk değneğidir. O koltuk değneğine dayanır ve aksayarak dolanıp dururlar. Tanrı şöyle der: "Koltuk değneğini at ve Bana güven." Biz ise şöyle deriz: "Ama değneksiz ne yaparım ben?" Tanrı'nın lütfuna

97

güvenmenin ve kendini gerçekten Tanrı'ya adamanın, insanları korkuttuğunu keşfettim.

Pavlus, Korint'teki imanlılara şöyle yazdı: *"Hizmetimizin sonucu olup mürekkeple değil, yaşayan Tanrı'nın Ruhu'yla, taş levhalara değil, insan yüreğinin levhalarına yazılmış Mesih'in mektubu olduğunuz açıktır"* (2. Korintliler 3:3). Süleyman'ın Özdeyişleri 4:23 şöyle der: *"Her şeyden önce de yüreğini koru, Çünkü yaşam ondan kaynaklanır."* Tanrı'nın yasası yüreğinizdeyse, Tanrı'nın istediği şekilde yaşarsınız.

Yasaya karşı lütuf konusu benim için gerçektir çünkü bununla çok mücadele verdim. Daha dindar olmak için uğraştığım ve kendimi ne yapacağını bilemez halde bulduğum zamanlar oldu. Ama bunun, Hristiyan olma sürecinin bir parçası olduğunu ve bize Kutsal Ruh'a güvenmeyi öğrettiğini anladım. Bu yüzden, Kutsal Ruh'la yönlendirilmeyi gözünüzde daha canlı bir hale getirmek amacıyla, size iki mesel nakletmek istiyorum.

Yasa ve Lütufla İlgili İki Mesel

Rebeka ve İbrahim'in Uşağı

Önceki bölümde, İbrahim'in oğlu İshak'a bir gelin bulması için uşağını Mezopotamya'daki akrabalarına gönderdiğine kısaca değinmiştik.

Bu tarihsel bir olaydır ve aynı zamanda bizler için bir meseldir. Hikâyede İbrahim Baba Tanrı'yı, İshak biricik Oğul İsa Mesih'i ve Rebeka da seçilmiş gelin olarak kiliseyi temsil ederler. Hikâyedeki diğer ana karakter olan İbrahim'in uşağı veya yardımcısı ise Kutsal Ruh'u temsil eder.

Uşak, her türlü araç gereç ve değerli hediyelerle yüklü on deveyle yola çıkar, çünkü bir gelin seçecektir. Ortadoğu'da, önemli bir karar alacağınız ve bir ilişki kuracağınız zaman mutlaka bir hediye verirsiniz. Böyle bir hediyeyi kabul ettiğinizde, hediyeyi veren kişiyi kabul etmiş olursunuz. Hediyeyi reddederseniz, o kişiyi reddetmiş olursunuz. Hediyenin verilişi kesinlikle hassas bir andır.

Ortadoğu'da yaşadım ve size develerin çok fazla yük taşıyabildiklerini söyleyebilirim. Develer devasa yükleri taşıma kapasitesine sahiptirler. Ve uşağın *on* devesi vardı. İbrahim'in akrabalarının topraklarına ulaştığında bir kuyunun başında durdu ve Tanrı'ya şöyle yakardı:

"İşte, pınarın başında bekliyorum. Kentin kızları su almaya geliyorlar. Birine, 'Lütfen testini indir, biraz su içeyim' diyeceğim. O da, 'Sen iç, ben de develerine içireyim' derse, bileceğim ki o kız kulun İshak için seçtiğin kızdır. Böylece

efendime iyilik ettiğini anlayacağım" (Yaratılış 24:13-14).

Bir devenin yüz seksen litre su içebileceğini aklınızda bulundurun. Yani, on deve için bin sekiz yüz litre suya ihtiyaç vardır! Rebeka geldi ve uşak ona "Lütfen testinden biraz su ver, içeyim" dedi. Ve Rebeka şöyle dedi: "Memnuniyetle. Ve develerin için de su çekeceğim." Bunun, eylemle gösterilen iman örneği olduğunu söylemeliyim! Uşak kendi kendine şöyle dedi: *Aradığım kız budur.* Yüklerin içinden değerli bir mücevher alıp kıza verdi. Kız mücevheri taktığı an, seçilmiş gelin olarak tescillendi. Mücevheri reddetseydi ne olurdu? Asla gelin olamazdı (Bkz. 15-22. ayetler).

İbrahim'in kölesi eve dönmeye hazırlanırken, ailesi Rebeka'ya şu soruyu sordu: "Bu adamla gidecek misin?" Ve Rebeka şöyle karşılık verdi: "Gideceğim." Sonra Rebeka ve genç hizmetçileri hazırlanıp develere binerek İbrahim'in uşağını izlediler (Yaratılış 24:58,61).

Rebeka'nın bir haritası olmadığını belirtmek isterim. Gideceği yere daha önce hiç gitmemişti. Evleneceği adamı ve onun babasını hiç görmemişti. Tek bir bilgi kaynağı vardı: Uşak. Uşak onun rehberiydi ve onu damada götüreceğine güvendi.

Harita mı Rehber mi?

Nakledeceğim ikinci mesel, daha önce hiç gitmediği uzak bir ülkede yolunu bulmak zorunda olan genç bir adamla ilgili. Bu gencin iki seçeneği vardır. Bir harita edinebilir veya kişisel bir rehber alabilir. Harita yasadır. Mükemmeldir. Her ayrıntısı doğrudur. Coğrafik olarak üzerinde işaretlenmiş her bir nokta doğrudur. Kişisel rehber ise Kutsal Ruh'tur.

Hikâyedeki genç adam üniversiteden yeni mezun olmuştur. Güçlü, akıllı ve kendine güveni tamdır. Tanrı ona sorar: "Ne istiyorsun? Harita mı yoksa rehber mi?" Genç adam şöyle der: "Harita okumakta iyiyim, bu yüzden haritayı alacağım." Gideceği doğru yönü bilerek yola koyulur. Güneş tepede parlar, kuşlar cıvıldar ve çok mutludur. Şöyle der: "Oh, hayat ne güzel."

Yaklaşık üç gün sonra, bir ormanın ortasında, bardaktan boşanırcasına yağmur yağan bir gece yarısında uçurumun kenarına gelir. Kuzey, güney, batı ya da doğu, hangi yöne doğru gittiğini bile bilemez bir duruma düşer. Tatlı bir ses ona seslenir: "Yardım edebilir miyim?" Ve genç adam hemen şöyle der: "Aman, Kutsal Ruh! Sana ihtiyacım var!" Kutsal Ruh: "Bana elini ver, seni buradan kurtarayım." Bir süre sonra doğru yola çıkarlar ve yan yana yürümeye başlarlar.

Sonra genç adam şöyle hisseder: *Ormanın ortasında panikleyerek amma da aptalca davrandım. Kendi başımın çaresine bakabilirdim.* Böylece Kutsal Ruh'a dönerek şöyle der: "Bunu kendi başıma yapabilirim." Ve Rehber gözden kaybolur ve adam yola devam eder. Yaklaşık iki gün sonra bir bataklığın ortasındadır ve attığı her adımda biraz daha dibe batmaya başlar. Ne yapacağını bilemez ama şöyle düşünür: *Tekrar yardım isteyemem. Geçen defa yardım aldığımda doğru şeyi yapmadım.* Ama o zaman Kutsal Ruh ona yine seslenir. "Bırak yardım edeyim." Tekrar yolu bulurlar ve birlikte yola koyulurlar.

İyi bir gelişme kaydederler ve sonra genç adam şöyle düşünür: *Hala haritam var.* Haritayı açar ve Kutsal Ruh'a şöyle der: "Haritayı ister misin?" Kutsal Ruh cevaplar: "Teşekkür ederim, ama yolu biliyorum. Haritaya ihtiyacım yok. Aslına bakarsan haritayı çizen de Benim."

Size ve kendime sorum şudur: Kendi bilgeliğimize veya aklımıza güvenmeye ve Kutsal Ruh'a bilmişlik taslamaya kaç kere daha döneceğiz? Yasayla değil ama lütufla yaşamaya ve Ruh'un bize rehberlik etmesine ne zaman izin vereceğiz?

İki meseldeki Rebeka ve genç adam her birimizi temsil eder. Kutsal Ruh'a, Rehberimize güvenirsek, biz de bu mesellerdeki gibi hayatı-

mızda varmak istediğimiz yerlere güvenle gide-
biliriz. Kutsal Ruh bilgi kaynağımızdır. Sonsuz
mirasımızın yöneticisidir. Bize ne isteyeceğimizi
söyler ve ihtiyacımız olan her şeyi bize verir.

7

KUTSAL RUH'A
TESLİM OLMAK

Yasayla ve lütufla yaşamak arasındaki farkı anlamaya çalışırken, Mesih'te bize verilen yeni doğamızı gerçekten tanımaya ihtiyacımız vardır. Böylece, Tanrı'nın öngördüğü şekilde Ruh'ta yaşayabilir ve yürüyebiliriz.

Kutsal Ruh'ta vaftiz olan ve Kutsal Ruh'un kendilerinde yaşadığını söyleyen, ama aslında Ruh'ta yaşamayan çok kişi vardır. Kutsal Ruh'ta vaftiz olduğu halde, zamanının büyük bölümünü benliğe göre yaşayan insanlar tanıyorum. Bu insanlar son derece huzursuz, bedensel zevklere düşkün, imandan ve sevgiden ve Ruh'un diğer niteliklerinden yoksun olabilirler. Dürüst olmak gerekirse, hepimiz benliğin Ruh'a karşı verdiği savaşın ortaya çıkardığı bu gibi sorunlarla değişik boyutlarda boğuşuyoruz. Bununla birlikte, Tanrı bize bu sorunların çözümünü sağladı.

İsyankâr Doğamızın İnfazı Gerçekleşti

Yasanın günahkâr doğamızı kışkırttığını ve bu yüzden lütufta yaşamamız gerektiğini geçen bölümde öğrenmiştik. Ancak bazılarımızda etkin olan bir düşünce kalıbı vardır ve buna göre, hala günahkâr doğamızla evliyizdir ve bu yüzden Ruh'un doluluğunda yaşamamız neredeyse imkânsızdır.

İsyankâr bir doğayla, ya da "eski yaradılışla" (Romalılar 6:6) doğduğumuzu hepimiz biliyoruz. Bu doğa sorunlarımızın köküdür. Baba'nın iradesiyle, İsa çarmıhta Kendini o isyankâr doğayla birleştirdi ve eski yaradılış İsa'da infaz edildi. Tanrı'nın eski yaradılış için bir tedavi reçetesi yoktur. Onu kiliseye veya Pazar okuluna göndermez. Ona Kutsal Kitap öğretmez ya da onu dindar yapmaz. Tanrı'nın eski yaradılış için yazdığı reçetede tek bir basit kelime bulunur: *İnfaz.* Tanrı'nın eski yaradılışla, onu öldürmek dışında hiçbir işi olamaz. İsyankâr doğamız, üzerimizde egemenlik kurup bizi kontrol edemesin diye Mesih çarmıhta öldüğü zaman infaz edildi.

Bu tarihsel bir gerçektir, ama eğer bilmezsek ve eyleme geçmezsek bir işimize yaramaz. İlk koşul bilmektir. Bu genellikle öğretilmez ve Hristiyanlar bilmedikleri bir şeye yanaşmazlar.

Bu yüzden, ilk koşul Mesih çarmıhta öldüğü zaman eski doğamızla ilgili ne olduğunu gerçekten bilmektir: Eski doğamız kesinlikle öldürüldü. Tanrı, Mesih'te O'na gittiğimiz zaman geçmişteki tüm günahkâr davranışlarımızı bağışlar, ama bu sadece başlangıçtır. İsyankâr doğayla uğraşır ve onun yerine yeni yaradılış dediğimiz yeni bir doğa ortaya çıkartır. Aslında bu, iman yoluyla Tanrı Sözü'nün tohumundan içimizde yeniden şekillenen İsa Mesih'in doğasıdır. Bu yeniden doğuşu gerçekleştiren Kutsal Ruh'tur ve Kutsal Ruh Mesih'in içimizdeki doğasını yönetir. Romalılara yazdığı mektupta Pavlus şöyle dedi:

"Öyleyse ne diyelim? Lütuf çoğalsın diye günah işlemeye devam mı edelim? Kesinlikle hayır! Günah karşısında ölmüş olan bizler artık nasıl günah içinde yaşarız?" (Romalılar 6:1-2).

Pavlus, Tanrı'nın lütfunda yaşayan herkesin günaha ölmüş olduğunu varsayıyordu. Bu yüzden şunu söylüyordu. "Günah içinde yaşamaya devam ederseniz, kendinizle çelişirsiniz. Günaha öldünüzse, artık günahta yaşamak hakkında konuşmayın."

Mesih çarmıhta öldükten sonra, Kendini diriltmedi. Baba'nın, belirlenen saatte Kutsal Ruh aracılığıyla Kendisini dirilteceğine güvendi. Ba-

ba O'nu diriltmemiş olsaydı, ölü olarak kala-
caktı. Benzer şekilde, Tanrı'nın bizleri günahın
ölümünden dirilteceğine güvenmeliyiz. Bunu
kendi başımıza yapamayız. Bizler de Kutsal
Ruh'a, fiziksel bedeninin dirilişi için İsa'nın ihti-
yaç duyduğu gibi bağımlıyız. Aslında, bu bizim
suda vaftiz olurken verdiğimiz tanıklıktır: "Gö-
müldüm ve beni diriltmek Tanrı'nın elindedir.
Bu sulu mezardan şunu söyleyerek çıkıyorum:
'Kutsal Ruh'a, İsa'nın Kendisini yeni bir yaşam
için ölümden diriltirken güvendiği gibi, güve-
niyorum.'"

*"Baba'nın yüceliği sayesinde Mesih nasıl
ölümden dirildiyse, biz de yeni bir yaşam sürmek
üzere vaftiz yoluyla O'nunla birlikte ölüme
gömüldük. Eğer O'nunkine benzer bir ölümde
O'nunla birleştiysek, O'nunkine benzer bir diri-
lişte de O'nunla birleşeceğiz"* (Romalılar 6:4-5).

Bu müjdeye doğru bir şekilde yaklaşmak,
ancak Kutsal Ruh'un yardımıyla gerçekleşir.
Kutsal Ruh olmadan bunu başaramayız. Ama
Ruh'u aldığımız ve Ruh'ta yaşadığımız zaman,
ulaşılmaz gibi görünen Kutsal Kitap standartları
kendiliğinden gerçeğe dönüşmeye başlar.

*"Ne var ki, Tanrı'nın Ruhu içinizde yaşı-
yorsa, benliğin değil, Ruh'un denetimindesiniz"*
(Romalılar 8:9). Bu ayetin bize ne dediğini size

anlatmaya çalışacağım. Grekçede "Ne var ki" olarak tercüme edilen kelime bir şartı belirtir. Aynı kelime Romalılar 8:17'de de kullanılmıştır: *"Eğer Tanrı'nın çocuklarıysak..."*. Grekçede, *ne var ki* ve *eğer* kelimeleri yerine aynı sözcük kullanılmıştır. Şimdi size 9. ayetin kendimce çevirisini vereceğim: "Tanrı'nın Ruhu'nun içinizde yaşadığı *ölçüde*, benliğin değil Ruh'un denetimindesiniz." Birçok insanın hayatında Tanrı'nın Ruh'u bazı alanlarda yaşar, bazılarında yaşamaz. Bu nedenle, Tanrı'nın Ruhu'nun sizde yaşadığı *kadarıyla*, benliğin değil Ruh'un denetimindesiniz.

Aynı şekilde, Kutsal Ruh'ta vaftiz olmuş birçok insan Kutsal Ruh'un tamamen denetiminde değildir. Kutsal Ruh'un denetiminde oldukları bazı durumlar ve belli zamanlar (özellikle kilisede) vardır. Ama Kutsal Ruh'un denetiminde olmadıkları bazı durumlar ve zamanlar da vardır. Bu çarpıcı gerçek birçoğumuz için geçerlidir. Kulağa hoş gelen ama işe yaramaz ve gerçek dışı olan bir ilahiyata inanmam. Yeni Antlaşma'yı anladığımızda ve uyguladığımızda işe yaradığını keşfettim. Bu yüzden, Kutsal Ruh'u aldınızsa, Kutsal Ruh'a teslim olduğunuz ve hayatınızın her alanında yaşaması için O'na izin verdiğiniz oranda, benliğin değil Ruh'un denetimi altında yaşarsınız.

Romalılar 6'ya geri dönüp Pavlus'un söylediklerine kulak verelim:

"Artık günaha kölelik etmeyelim diye, günahlı varlığımızın ortadan kaldırılması için eski yaradılışımızın Mesih'le birlikte çarmıha gerildiğini biliriz" (Romalılar 6:6).

"Eski yaradılışımız O'nunla birlikte çarmıha gerildi." Cümle basit geçmiş zaman kipindedir. Yani, geçmişte belli bir zamanda gerçekleşmiş olan tarihsel bir olayı anlatır. İsa çarmıhta öldüğü zaman, eski yaradılışımız O'nunla birlikte öldü. Bu olay yirmi asır önce gerçekleşti. Peki, neden gerçekleşti? *"Günahlı varlığımız eski yaradılışımızla birlikte ortadan kalksın diye gerçekleşti."* Bunu söylemenin daha iyi bir yolu "etkisizleştirme" veya "üzerimizdeki kontrolünü ve egemenliğini artık sürdürememe" olabilir.

"Artık günaha kölelik etmeyelim diye..." (Romalılar 6:6).

Muhtemelen Hristiyanlar'ın % 95'i, eski doğalarının çarmıha gerildiğini bilmezler. Ama bunu bildiğiniz zaman, Tanrı'nın sağlayışı için müteşekkir olursunuz. Çünkü, Mesih çarmıhta günahımızın icabına baktı ve artık şunu söyleyebiliriz: *"Öyle ki, Yasa'nın gereği, benliğe göre değil, Ruh'a göre yaşayan bizlerde yerine gel-*

sin" (Romalılar 8:4). Pavlus bizleri şöyle teşvik etti:

"Siz de böylece kendinizi günah karşısında ölü, Mesih İsa'da Tanrı karşısında diri sayın" (Romalılar 6:11).

Pavlus şunu diyordu: "Mesih'in çarmıhta ölmesi, gömülmesi, ölülerden dirilmesi ve asla bir daha ölmeyip sonsuza dek Tanrı'da yaşaması gibi, siz de kendinizi günaha karşı tamamen ölmüş ve Tanrı'yla birlikte yaşamak için dirilmiş sayın." Romalılar 6. bölümdeki gerçeği içselleştirene kadar, Pavlus'un 8. bölümde açıkladığı Kutsal Ruh'ta tüm doluluğuyla yaşamak imkânsızdır. Eski isyankâr Adem doğası, Ruh'a göre yaşayamaz. Romalılar 8'in başında Pavlus bunu açıkça vurguladı:

"Benliğe uyanlar benlikle ilgili, Ruh'a uyanlarsa Ruh'la ilgili işleri düşünürler. Benliğe dayanan düşünce (benliğin tepkileri, akıl yürütmeleri, düşünceleri ve dürtüleri) *ölüm, Ruh'a dayanan düşünceyse* (Ruh'un düşündüğü şekilde düşünmek) *yaşam ve esenliktir. Çünkü benliğe dayanan düşünce Tanrı'ya düşmandır; Tanrı'nın Yasası'na boyun eğmez, eğemez de... Benliğin denetiminde olanlar Tanrı'yı hoşnut edemezler"* (Romalılar 8:5-8).

Eski yaradılışın Tanrı'yı hoşnut etmesi mümkün değildir. Bu nedenle, Tanrı'yla birlikte yaşamak ve O'nu hoşnut etmek için, eski yaradılışın icabına bakılması gerekir. Eski Adem doğasının yok edilmesi için Tanrı'nın sağladığı çözüm, çarmıh ve İsa'nın ölümüdür. Bunu gerçekten anlayacak bir noktaya gelmemiz gerekir.

Günahın Üzerinizdeki Egemenliğini Reddetmek

Romalılar 6'ya dönersek, kendimizi günah karşısında ölü saymamızın sonuçlarını görürüz:

"Bu nedenle bedenin tutkularına uymamak için günahın ölümlü bedenlerinizde egemenlik sürmesine izin vermeyin. Bedeninizin üyelerini haksızlığa araç ederek günaha sunmayın. Ölümden dirilenler gibi kendinizi Tanrı'ya adayın; bedeninizin üyelerini doğruluk araçları olarak Tanrı'ya sunun" (Romalılar 6:12-13).

Günahın üzerinizde ve fiziksel bedeninizin üyelerinin üzerinde egemenlik sürmesini artık kabul etmeyin. Bunun yerine kendinizi (iradenizi ve bedeninizin üyelerini) Kutsal Ruh'a teslim edin. Güvenli yol budur:

"Günah size egemen olmayacaktır" (Romalılar 6:14).

Buna gerçekten inanıyor musunuz? İnanmıyorsanız, bunu yaşayamayacaksınız. Eğer günah işlemeye devam edeceğinize inanıyorsanız, günah işlemeye devam edeceksiniz. Çünkü bu imanla gerçekleşir. *"Günah size egemen olmayacaktır"* Buna inanmak zorundasınız. İnanmazsanız, gerçekleşmeyecektir. Bu ayetin ikinci kısmına dikkat edin:

"Çünkü Kutsal Yasa'nın yönetimi altında değil, Tanrı'nın lütfu altındasınız" (14. ayet).

Ruh'ta yürüyecekseniz, benlikte yürüyemezsiniz. Benlikte yürürseniz, Ruh'la yönetilemezsiniz. Tam bir karşıtlık vardır. Herkesin ciddi bir karar vermek için geleceği nokta şurasıdır: Nereye aitim? Benliğe mi yoksa Ruh'a mı?

Günahın esaretinde yaşamaktan kurtulmanın yolu, Ruh'a teslim olmak ve O'nun tarafından yönetilmektir. Şöyle ifade edeyim: Eğer hala isyankâr doğanızın denetimindeyseniz, geçmişteki günahkâr eylemlerinizin bağışlanmış olmasının size ne faydası var? Tüm yapacağınız dışarı çıkıp aynı günahı tekrar işlemek olur. Ama Kutsal Ruh bize yeni bir doğa verdiği için, artık eski günahkâr doğamızda yaşamıyoruz.

"Öyleyse kardeşlerim, borçluyuz ama, benliğe göre yaşamak için benliğe borçlu değiliz. Çünkü benliğe göre yaşarsanız öleceksiniz; ama

bedenin kötü işlerini Ruh'la öldürürseniz yaşayacaksınız" (Romalılar 8:12-13).

Sorunumuz, Kutsal Kitap'taki mektupların imansızlara yazıldığını zannetmemizdir. Pavlus şunu söylerken imansızlara değil, imanlılara konuşuyordu: *"Aldanmayın, Tanrı alaya alınmaz. İnsan ne ekerse onu biçer"* (Galatyalılar 6:7). Galatyalılar 6:8'de Pavlus şöyle yazmıştı: *"Kendi benliğine eken, benlikten ölüm biçecektir. Ruh'a eken, Ruh'tan sonsuz yaşam biçecektir."* Romalılar 8:13'te ise şöyle diyordu: *"Çünkü benliğe göre yaşarsanız öleceksiniz."* Eğer gönüllü olarak eski, yenilenmemiş isyankâr doğanıza geri dönerseniz, öleceksiniz.

"Ama bedenin kötü işlerini Ruh'la öldürürseniz yaşayacaksınız" (Romalılar 8:13).

İradenizi ona uydururursanız, Kutsal Ruh size yardım edecektir. Ama iradenizi ona uydurmazsanız, Kutsal Ruh bunu sizin yerinize yapmaz.

Latince'de karakter kelimesi, alışkanlık kelimesinin çoğul halidir. Bu çok aydınlatıcıdır. Karakteriniz alışkanlıklarınızın toplamıdır ve alışkanlıklarınız aldığınız kararların sonucunda oluşurlar. Her doğru karar verdiğinizde, doğru bir alışkanlığı güçlendirirsiniz. Her yanlış karar verdiğinizde, yanlış bir alışkanlığı güçlendirirsiniz ve bu yanlış alışkanlıklardan yanlış bir karakter inşa edersiniz.

Bu yüzden alışkanlıklarınızı kararlarla şekillendirmelisiniz. Yanlış şeyi yapmaya her karar verdiğinizde, giderek artan bir şekilde günahın kölesi olursunuz. Doğru şeyi yapmaya her karar verdiğinizde, doğruluğun kölesi olursunuz.

"Söz dinleyen köleler gibi kendinizi kime teslim ederseniz, sözünü dinlediğiniz kişinin köleleri olduğunuzu bilmez misiniz? Ya ölüme götüren günahın ya da doğruluğa götüren sözdinlerliğin kölelerisiniz" (Romalılar 6:16).

Bir günah işlediğiniz zaman, günaha teslim olursunuz. Eğer günaha teslim olursanız, günahın kölesi olursunuz ve günah işlemeden duramazsınız. Bununla birlikte, eğer doğruluğa teslim olursanız, doğruluğun kölesi olursunuz ve doğru olanı yaparsınız. Bu iki ayırımdan birinde karar kılmalısınız. Yeşu 24:15 bunu olabildiğince açık söyler: *"Bugün kime kulluk edeceğinize karar verin."* Seçiminiz, yalnızca kulluk etme konusunda değildir. Konu *kime* kulluk edeceğinizdir. Birine kulluk edeceksiniz ve iki seçeneğiniz var: Tanrı veya Şeytan; doğruluk veya günah.

"Tanrı'nın Ruhu'yla yönetilenlerin hepsi Tanrı'nın oğullarıdır" (Romalılar 8:14).

Tanrı'nın çocuğu olabilmek için, yeniden doğmalısınız. Bu doğuma etkin bir şekilde tanıklık edebilme gücüne sahip olmak için, Kutsal Ruh'ta vaftiz olmalısınız. Ama Tanrı'nın oğlu olarak *yaşamak* için, her gün Kutsal Ruh tarafından yönetilmelisiniz.

Bazı öğretilere göre, öncelikle süper ruhsal biri olmanız gerekir ve sonra bir gün Tanrı'nın oğlu olarak ortaya çıkarsınız. Ancak bu görüş, Tanrı'nın Ruhu'yla yönetilenlerin hepsi Tanrı'nın oğullarıdır diyen Romalılar 8:14 ayetiyle çelişki içindedir. Önceki bölümde yazdığım gibi, burada kullanılan kelime *çocukları* değil, *oğullarıdır*. Kastedilen şey olgunluktur. Birçok insan şöyle bir yaklaşım içindedir: "Mükemmel olduğumda, Kutsal Ruh gelecektir." Bu aslında Pentekostal bir öğretiydi. Bu durum, üniversiteye yeni başlayan gençlere, profesörlerin gelip şöyle demesine benzer: "Mezun olduğunuzda, size öğretmeye başlayacağız." İyi de, mezun olduğunuz zaman profesörlere ihtiyacınız olmaz. Profesörlere mezun olmak için ihtiyaç duyarsınız. Benzer şekilde, Kutsal Ruh'a ne zaman ihtiyaç duyarsınız? Hemen şimdi, olgunlaşabilmek için. Kutsal Ruh, siz mükemmel olduğunuz için gelmez; O'na ihtiyacınız olduğu için gelir.

"Doğanızın güçsüzlüğü yüzünden insan ölçülerine göre konuşuyorum. Bedeninizin üyelerini ahlaksızlığa ve kötülük yapmak üzere kötülüğe nasıl köle olarak sundunuzsa, şimdi de bu üyelerinizi kutsal olmak üzere doğruluğa köle olarak sunun. Sizler günahın kölesiyken doğruluktan özgürdünüz. Şimdi utandığınız şeylerden o zaman ne kazancınız oldu? Onların sonucu ölümdür. Ama şimdi günahtan özgür kılınıp Tanrı'nın kulları olduğunuza göre, kazancınız kutsallaşma ve bunun sonucu olan sonsuz yaşamdır" (Romalılar 6:19-22).

Romalılar 6, bize doğruluğun kölesi olmanın yolunun aşağıdakileri uygulamak olduğunu öğretti:

• Eski doğamızın Mesih'te çarmıha gerildiğini bilmek (Bkz. Romalılar 6:6). Bunu bilmiyorsanız, Ruh'ta yaşamaktan keyif alamazsınız. Büyük düşmanın adı cehalettir. Kutsal Kitap'ın ne öğrettiğini bilmiyorsanız, Mesih'in sizin için ne yaptığını bilmiyorsanız ve Tanrı'nın size sunduğu sağlayışı bilmiyorsanız, o zaman bunları tüm doluluğuyla yaşayamazsınız.

• *Kendinizi günah karşısında ölü sayın* (Romalılar 6:11). Buna inanmalısınız. Şöyle demelisiniz: "Tanrı böyle diyor ve bunun benim içimde gerçekleştiğini düşünüyorum." İmanla varsaymak, Tanrı'nın söylediği şeye inanmak demektir.

• *İmanınızı ikrar edin veya herkesçe bilinmesini sağlayın* (Bkz. Romalılar 6:3-4). İsa'nın gizli bir imanlısı olamazsınız. Su vaftizi, Mesih'teki konumunuzun ikrarını dışsal olarak gösteren bir eylemdir. Ne zaman gömüldünüz? Öldüğünüz zaman. Ne zaman artık gömülü kalmayacaksınız? Dirildiğiniz zaman; bir kez daha hayata döndüğünüz zaman.

• *Günaha teslim olmayın* (Romalılar 6:12-13). Ruh'la dolu bir yaşamın gereklerinden biri, hayır demeyi öğrenmek ve bu konuda ciddi olmaktır. Şeytan ne zaman ciddi olduğunuzu ve ne zaman olmadığınızı bilir. Özdeyişler kitabı şöyle der: *"Oğlum, seni ayartmaya çalışan günahkârlara teslim olma"* (Süleyman'ın Özdeyişleri 1:10). Sade bir dille "Hayır" deyin. Birçok seçeneğe ve insana hayır demek zorunda kalabilirsiniz.

• *Tanrı'ya teslim olun* (Bkz. Romalılar 6:13). Her gün düzenli olarak, Kutsal Ruh'a teslim olmanız ve O'nun tarafından yönetilmeniz gerekir.

İsa bize doğruluğa teslim olmakla ilgili en güzel daveti yaptı:

"Ey bütün yorgunlar ve yükü ağır olanlar! Bana gelin, ben size rahat veririm. Boyunduruğumu yüklenin, benden öğrenin. Çünkü ben yumuşak huylu, alçakgönüllüyüm. Böylece canlarınız rahata kavuşur. Boyunduruğumu taşımak kolay, yüküm hafiftir" (Matta 11:28-30).

Bu metin bize, Rab'be teslim olduğumuz ve O'ndan öğrendiğimiz bir süreç teklif eder. Önce, ağır yüklerimizi bırakırız ve dinleniriz. Bazı insanlar burada önerilen sürecin bundan ibaret olduğunu sanırlar, ama dahası vardır. Mesih'in boyunduruğunu yüklenip O'nun öğrencisi olmamız ve O'ndan öğrenmemiz gerekir. Daha sonra, yumuşak huylu ve alçakgönüllü bir yürekle İsa'nın örneğini takip ederiz. Çünkü Tanrı yumuşak huylulara ve alçakgönüllülere öğretir, ama kibirlilere karşıdır. İşte yalnız o zaman gerçek rahatı buluruz (İsa'nın boyunduruğunu yüklenip, yumuşak huylu, alçakgönüllü ve kolay öğrenebilir hale geldiğimizde). Çünkü *"Boyunduruğumu taşımak kolay, yüküm hafiftir."*

Kurtuluşa kavuşmak, her türlü boyunduruktan kurtulmak anlamına gelmez. Boyundurukların değişimi söz konusudur. Şeytan'ın boyunduruğunu atarsınız, ama Rab'bin boyunduruğunu yüklenirsiniz. Boyunduruksuz yaşamaya çalışmayın, çünkü başaramazsınız. Şunu diyemeyiz: "Şeytan'a kulluk etmek istemiyorum, ama Tanrı'ya kulluk etmeye de niyetim yok." Çünkü bunu dediğimizde, sonunda kendimizi Şeytan'a iki kez daha fazla kulluk ederken buluruz.

Kargaşa Değil Birlik

Bunun, ölümden yaşama geçişin, yani eski yaradılışın ve yasanın egemenliğinden çıkıp, Mesih'te ve Ruh'ta yeni bir yaşama başlamanın Kutsal Kitap'a uygun bir şekli olduğuna inanıyorum. Kutsal Ruh'a ve doğruluğa teslim olmamız gerekir.

Bu nedenle, Tanrı'nın doğruluk ve kutsallık yolu, kavgadan değil teslim olmaktan geçer. Kendi gücünüzün sonuna gelip şunu demelisiniz: "Kutsal Ruh, bu işi sen devral. Bu durumla başa çıkamıyorum, ama sen çıkabilirsin." Bu, irade gücünüze ihtiyacınız olmadığı anlamına gelmez. İrade gücünüzü farklı bir şekilde, o işi kendi başınıza yapmaktan vazgeçmek yönünde kullanmanız gerekir.

Ben bağımsız ve zihinsel olarak güçlü biriyim. Doğal eğilimim, bir sorunum olduğunda çözüm yollarını düşünmektir. Bunu yapmaktan vazgeçmem yıllarımı aldı. Artık şöyle diyorum: "Rab senin çözümün nedir?" Ve bu çözüm, genellikle benim düşündüğüm çözümlerin hepsinden farklı bir çözüm oluyor. Hristiyanca bir yaşam, kargaşa, kavga, didişme yaşamı değildir; içimizdeki Kutsal Ruh'a teslim olma yaşamıdır. O zaman yaşam bir çabalama olmaktan çıkıp, *birliğe* dönüşür.

Birlik kavramından önceki bölümde söz etmiştik. Soru şudur: Neyle evlisiniz? Eğer benliğinizle evliyseniz, benliğin işlerini ortaya çıkaracaksınız. Bu gerçeğe istediğiniz kadar karşı çıkın, ama bunun biyolojik bir yasa olduğunu unutmayın. Eski doğanız istediği kadar çırpınsın, yine günah üretecektir. Ama eğer Kutsal Ruh aracılığıyla dirilmiş Mesih'le birleşirseniz, bu birlikten Ruh'un ürünü ortaya çıkar. Yenilenmiş ruhunuzun Kutsal Ruh vasıtasıyla dirilmiş Mesih'te oluşturduğu birlik, doğruluk meyveleri verir. Yenilenmiş doğanın doğruluk üretmek için çabalamasına ihtiyacı yoktur. Tek yapması gereken şey, Mesih'le birleşmektir. Dolayısıyla bu yaşam kargaşa değil, bir teslim olma yaşamıdır. Uğraşıp didinmek değil, ama birlik yaşamıdır.

Yuhanna 15'deki asma ve çubuklar benzetmesi, bu yaşamı daha iyi anlamamıza yardımcı olur. İsa öğrencilerine şöyle dedi:

"Ben gerçek asmayım ve Babam bağcıdır" (Yuhanna 15:1).

Asmalar çok özenle budanması gereken ve meyve veren bitkilerdir. Bir asmayı yılın doğru zamanında ve doğru bir şekilde budamayı başaramazsanız, ondan meyve alamazsınız. İsa bu yüzden bu sözleri söyledi: "Ben asmayım ve Babam da budama işini yapan kişidir." Sonra sözlerine devam etti:

"Bende kalın, ben de sizde kalayım. Çubuk asmada kalmazsa kendiliğinden meyve veremez. Bunun gibi, siz de bende kalmazsanız meyve veremezsiniz. Ben asmayım, siz çubuklarsınız. Bende kalan ve benim kendisinde kaldığım kişi çok meyve verir. Bensiz hiçbir şey yapamazsınız" (Yuhanna 15:4-5).

Bir asma çubuğu meyve vermek için büyük bir çaba sarf etmez. Kendince kararlar alıp şöyle demez: "Meyve vereceğim." Bunun yerine asmanın gövdesiyle birleşir. Gövdedeki yaşam özsuyun içinde çubuklara akar ve çubuklardaki bu yaşam uygun meyveyi verir. İsa şöyle dedi: *"Ben asmayım, siz çubuklarsınız. Eğer Benim içimde kalmaya devam eder, Bana katılırsanız, çok ürün vereceksiniz."*

İsa bize önemli bir uyarıda da bulundu. Budanmaya hazır olmamızı söyledi: *"Bende meyve vermeyen her çubuğu kesip atar, meyve veren her çubuğu ise daha çok meyve versin diye buda-*

yıp temizler" (Yuhanna 15:2). Bazı Hristiyanlar çok ürün vermedikleri için sorunlar yaşarlar. İçinde bulundukları durumla ilgili karmaşa, yanlış kararlarının ve davranışlarının sonucudur. Buna karşın bazı Hristiyanlar da, ürün verdikleri için sorunlar yaşarlar. Bu sorunlar ruhsal budanmanın ta kendisidir. Bir asmanın budanması acımasız bir işlemdir. Çubuklar tam diplerinden kesilir. O kadar ki, asma bir daha ürün vermez zannedersiniz. Ama sonraki yıl her zamankinden çok ürün verir.

Asma ve çubuklarla ilgili bu Kutsal Kitap metninde, Tanrılığın üç şahsının bu harika resmin içinde kendilerini gösterdiklerine dikkatinizi çekerim. Baba bağcıdır, İsa asmadır ve Kutsal Ruh asmanın içinden çubuklara akan özsudur. Ürünü veren Ruh'ta yaşamdır. Bu ürün, en iyi çabalarımızın ya da dinin değil, ama Ruh'un ürünüdür.

Baba bizi budadığı zaman, bu sürecin ortasında pes etmemeliyiz. Şunu dememeliyiz: "Bunlar neden benim başıma geliyor? Samimi bir şekilde Rab'be hizmet etmeye çalıştım. Gerçekten elimden geleni yaptım ve şunları vs. yaptım." Ürün vermişizdir ve temizlenmemiz gerekir. Bu gibi zamanlarda derin bir nefes alıp rahatlayarak, Tanrı'yı yüceltmeliyiz. Bu iyiye işarettir.

Vurgulamak istediğim temel nokta, Ruh'un ürününü vermenin kişisel bir çaba olmadığıdır. Tüm çabalarımız bir araya gelse olmaz. Hiçbir insani çaba bin yılda tek bir üzüm bile üretemez. Sadece Asmayla birleşmek bunu başarabilir. Birçok insan Kutsal Ruh'ta yaşamı her şeyi alt eden şekliyle ister, ama bu yaşamın hazır bir versiyonu yoktur. Zaferli, Ruh'la dolu bir yaşama, Tanrı'nın işleminden geçerek ulaşılır.

Biz Teslim Oluruz ve Tanrı İşi Tamamlar

Şimdi yeni bir gerçeğe geldik: Baba'nın iradesiyle aynı doğrultudaysak, O'nun amaçları doğrultusunda yürüyorsak, yaşadığımız her şey iyiliğe hizmet eder ve O bizdeki amacını tamamlar. "Her şeyi Babam planladı" diyen bir ilahi vardır. Tanrı'nın Ruhu'yla uyum içinde yürüyenler için, bu gerçekten doğrudur. Her durum, her deneyim Tanrı'nın iyiliğini ortaya çıkartır ve O'nun bizdeki sonsuz amacını açıklar. *"Tanrı'nın, kendisini sevenlerle, amacı uyarınca çağrılmış olanlarla birlikte her durumda iyilik için etkin olduğunu biliriz"* (Romalılar 8:28). Buradaki yeterlilik koşuluna dikkat edin: O'nun amacıyla aynı doğrultuda olmalıyız.

Pavlus Roma'daki imanlıları *"Tanrı'nın kutsal olmaya çağrılan bütün sevdikleri"* olarak tanımladı. Orijinal Grekçeden çeviride *"kutsal olan"* denir. Kutsallık sadece bazı imanlıların elde edebileceği bir yeterlilik koşulu değildir. Tüm imanlıları kapsar. Pavlus, geri kalanların asla ulaşamayacağı üst düzeye ulaşacak bir süper imanlılar sınıfı tasarlamadı.

İncil'in İsa Mesih'e iman etme davetini kabul ettiğiniz zaman, Tanrı sizi kutsal sayar. Kutsal Ruh'a ve doğruluğa teslim olmak için ayrılırsınız. Kendinize bakıp şöyle diyebilirsiniz: "Aslında pek kutsal görünmüyorum." Ama Pavlus'un sözünü unutmayın: *"Var olmayanı buyruğuyla var eden Tanrı'nın..."* (Romalılar 4:17). Tanrı İbrahim'i henüz hiç çocuğu yokken tüm ulusların babası saymıştır (Bkz. Yaratılış 17:4-5). Tanrı sizi ne olarak çağırıyorsa, sizi mutlaka o şeye dönüştürür. Tanrı size kutsal derse kutsalsınız, çünkü Tanrı size kutsal dedi. Bunun hayatınızda gerçekleşmesi biraz zaman alabilir, ama O'nun sizin için buyruğu budur.

İsa Mesih'i hayatımıza kabul ettiğimizde, yaşamının tamamını Kutsal Ruh vasıtasıyla üzerimize döktü. Ruh'ta yaşamak ve kutsal olmak için ihtiyacımız olan her şeyi bize verdi. Örneğin, Romalılar 5:5'e bakalım: *"Bize verilen Kutsal Ruh aracılığıyla Tanrı'nın sevgisi yüreklerimize dökülmüştür."* Orijinal Grekçede kullanılan zaman kipinden de anlaşılacağı üzere, burada tamamlanmış ve bir kez daha tekrarlanması gerekmeyen bir olaydan bahsedilir. Bunu anlamamız çok önemlidir. *"Bize **verilen** Kutsal Ruh aracılığıyla Tanrı'nın sevgisi yüreklerimize **dökülmüştür.**"* Aslında, Kutsal Ruh'ta bir kez vaftiz olduktan sonra, bir daha sevgi için dua etmenize gerek yoktur. Yapmanız gereken şey, içinizdeki tükenmez kaynaktan beslenmektir. Kutsal Kitap'a uygun davranış şekli budur. Tanrı'nın sevgisinin bir kısmı değil tamamı, Kutsal Ruh armağanının içinde kalplerimizin içine döküldü. Bu ilahi sevginin bütünü, bizim için artık ulaşılabilirdir. Ama bu kaynaktan faydalanmazsak, bu sevgiyi yaşayamayacağız.

Aynı şey, Kutsal Ruh'un dua hayatımızdaki yeri konusunda da geçerlidir. Pavlus, her şeyin bizim iyiliğimiz için olduğunu söylemeden hemen önce şöyle dedi:

"Bunun gibi, Ruh da güçsüzlüğümüzde bize yardım eder. Ne için dua etmemiz gerektiğini bilmeyiz, ama Ruh'un kendisi, sözle anlatılamaz iniltilerle bizim için aracılık eder. Yürekleri araştıran Tanrı, Ruh'un düşüncesinin ne olduğunu bilir. Çünkü Ruh, Tanrı'nın isteği uyarınca kutsallar için aracılık eder" (Romalılar 8:26-27).

Bu metnin hepimizin bir güçsüzlüğü, bir zayıflığı olduğuna dikkat çektiğinden daha önce bahsetmiştim. Bu durum tüm insan ırkı için geçerlidir. Bu fiziksel bir hastalık değildir; nasıl dua etmemiz gerektiğini bilmememizle ilgilidir. Bu ifadeye karşı çıkan birine henüz rastlamadım. İnsanlarla konuştuğum zaman, herkesin bu konuda hemfikir olduğunu gördüm. İnsanlar ne için dua edeceklerini genellikle bilmiyorlar ve *ne için* dua edeceklerini bildikleri zaman da *nasıl* dua edeceklerini bilmiyorlar.

Tanrı'nın bu zayıflığımıza çözümü nedir? Kutsal Ruh. O bize güçsüzlüğümüzde yardım etmeye gelir ve bizim yerimize dua eder. Duada O'na teslim olursak, O bizim içimizden dua eder. Ve O dua ettiğinde, dua doğru olur. Çünkü artık o dua Tanrı'nın düşüncesine göredir ve dua ettiğimiz insanların hayatında Tanrı'nın istediği sonuçları doğurur.

Kutsal Ruh'ta vaftiz deneyiminde bunu açıkça görürüz. Dillerle konuştuğumuzda, bunun kendi zihnimizden kaynaklanmadığını biliriz, çünkü söylenenleri anlamayız. Duanın sözlerini Kutsal Ruh'un sağladığını biliriz. Bizim sağladığımız şey ise, Kutsal Ruh'un dua edebileceği ses mekanizmamızdır.

İlk eşimin benzersiz bir dua hayatı vardı. Onun gibi dua eden birine hiç rastlamadım. İnsanlar bazen ona sorarlardı: "Duanın sırrı nedir?" Şöyle derdi: "Sadece ağzımı olabildiğince açıyorum ve Kutsal Ruh'un onu doldurmasını bekliyorum." Siz de aynısını yapabilirsiniz. İmanla başlayın ve sonra Kutsal Ruh'un kontrolü ele almasına izin verin. Ancak bu şekilde, Tanrı'nın düşüncelerinden kaynaklanan etkili duayı edebiliriz.

Doğal ortamda Hristiyanca bir dua hayatına sahip olamazsınız. Örneğin, Efesliler 6:18 şöyle der: *"Her türlü dua ve yalvarışla, her zaman Ruh'un yönetiminde dua edin."* Ve 1. Selanikliler 5:17: *"Sürekli dua edin."* Bunu kendi gücünüzle ve kaynaklarınızla yapamazsınız. Ama Ruh'ta yapabilirsiniz! Pavlus bunu nasıl yapabileceğimizi şöyle ifade etti: *"Ruh'u söndürmeyin"* (1. Selanikliler 5:19). Cevap budur. Eğer Ruh'u söndürmeyip O'na göre yaşıyorsak, içinizde günde yirmi dört saat devam eden bir dua toplantısı olabilir.

Dua hayatının, doğal ortamda bulunamayacağını, ama Tanrı'nın bizim için iradesi olduğunu anlatmaya çalışıyorum. Kutsal Ruh'un yardımını kabul edersek, O bu dua hayatını bizim için mümkün kılar. Bazen Kutsal Ruh'u bir kenarda unutacak kadar kurallarla meşgul oluruz. Ama O'na olan bağımlılığımız konusunda gerçekten ikna olmalıyız.

Bir defasında, içinde dua hakkında çalışma barındıran bir Kutsal Kitap çalışması seminerini kullandım. Seminerde bu konuyla ilgili yirmi üç soru vardı ve hiç birinde Kutsal Ruh'tan bahsedilmiyordu. Bu, içinde profesör bulunmayan bir üniversiteyi andırıyordu! Tipik Hristiyanca yaklaşım, duayı kendi kendimize etmeye çalışmaktır. Yapamayız! Kontrolü Kutsal Ruh'a devretmeli ve O'na teslim olmalıyız. Çünkü ancak Kutsal Ruh aracılığıyla Tanrı'nın iradesine uygun şekilde dua edebiliriz.

Kutsal Ruh'un İçinizde Yaşamasına İzin Verin

Hristiyanca yaşamımızın her alanında, Tanrı'nın isteklerini kendi doğal yeteneğimizle yerine getiremeyiz. Doğal eğilimimiz, benliğe göre yaşamak ve her şeyi kendi yöntemlerimizle yapmaya çalışmaktır. Bu yol bizi zayıflığa ve ölüme götürür. Tanrı'nın çözümü Kutsal Ruh'tur. Tanrı bize imkânsızın sınırlarını gösterir ve şöyle der: "Şimdi bırak da Kutsal Ruh yapsın." Ve biz Kutsal Ruh'a teslim oldukça, O gerçekten de yapar.

8

TANRI'NIN SESİNİ DUYMAYI ÖĞRENMEK

Geçen bölümde yolunu bulmaya çalışan genç adamla ilgili hikâyede gördüğümüz gibi, eğer Kutsal Ruh'un bize rehberlik etmesine izin vermezsek, O'nun bize vermek istediği rahatlık, yönlendirme ve bilgelik sözlerini duyamayız. Hayatımızdaki en büyük ihtiyacın Tanrı'yla zaman geçirmek olduğuna eminim. Bunu söylediğim için üzgünüm, ama Hristiyanlar'ın büyük bir çoğunluğu Tanrı'ya fazla zaman ayırmıyorlar (çoğumuzun tövbe etmesi gereken bir durum).

Eşim Ruth'la Tanrı'yı dinlemek için haftada bir gün ayırmayı öğrendik. Ne olacağına dair bir fikrimiz yoktu. O günle ilgili her hangi bir program veya dua listemiz yoktu. Bazen Kutsal Kitap okuyarak, bazen de okumadan güne başlardık. Ama o günün sonunda genellikle şu ruh halinde olurduk: "Buraya nasıl geldik?" Gün boyunca yaşadıklarımızla ilgili önceden bir planımız veya düşüncemiz hiç olmazdı. Kutsal Ruh bizi bir şekilde yönlendirirdi.

Tanrı'da beklemeyi öğrendiğimizde, O'nunla ilişkimizin önünde duran engelleri, onlardan kurtulmamız ve O'nu daha çok sevip daha iyi hizmet edebilmemiz için bize gösterdi. Birçoğunuz Tanrı'yla olmanız gereken yerde değilsiniz. Sizi suçlamak ya da yargılamak değil, yardım etmek istiyorum.

İsa'nın Baş Olduğunu Bilmek

Mesih'in bedenini oluşturan toplulukların birçoğunda, Tanrı'da beklemeye zaman ayırıp O'ndan bir şeyler duyabilmemiz için, düzeltilmesi gereken bir şey vardır. Eksik olan şey nedir? Hayatlarımızda Mesih'in baş olduğunu algılayamıyoruz. Pavlus Efeslilere Mektup'ta şöyle yazdı:

"Her şeyi ayakları altına sererek O'na bağımlı kıldı. O'nu her şeyin üzerinde baş olmak üzere kiliseye verdi. Kilise O'nun bedenidir, her yönden her şeyi dolduranın doluluğudur" (Efesliler 1:22-23).

Pavlus burada ilginç bir dil kullanıyor. Tanrı her şeyi İsa'nın ayaklarının altına *serdi*. Hepsi O'na bağımlı oldu. Ama aynı zamanda, İsa'yı kiliseye *verdi*. İsa'ya Baş olarak sahip olmak,

Mesih'in bedeni için en değerli ve muhteşem kutsamadır. Ve İsa her şeyin Başıdır. Bazı şeylerin veya birçok şeyin değil, her şeyin Başıdır.

İsa'nın hayatınızdaki her şeyin üzerinde Baş olduğunu Tanrı'nın huzurunda dürüstçe söyleyebilir misiniz? O'nun kontrolü dışında hiçbir şey olmadığını? Ya da hayatınızda O'nun iradesini yansıtmayan hiçbir şey olmadığını söyleyebilir misiniz?

Efesliler'in ilerleyen bölümlerinde Pavlus şöyle yazdı:

"Tersine, sevgiyle gerçeğe uyarak bedenin başı olan Mesih'e doğru her yönden büyüyeceğiz. O'nun önderliğinde bütün beden, her eklemin yardımıyla kenetlenip kaynaşmış olarak her üyesinin düzenli işleyişiyle büyüyüp sevgide gelişiyor" (Efesliler 4:15-16).

Tüm bedenin Baş'a bağlı olduğuna dikkat edin. Bedenin büyümesinin ve etkin çalışabilmesinin tek yolu, Baş'la karşılıklı ilişkide olup O'ndan beslenmesidir. Baş'la ilişki bozulursa, bedenin tüm yaşamı da buna bağlı olarak bozulur.

Pavlus bu konuda şunu da dedi: *"Hiç kimse sizi ödülünüzden yoksun bırakmasın"* (Koloseliler 2:18). Pavlus'un demek istediği şey aslında şuydu: "Kimse sizi yarış dışı bırakmasın." Tan-

rı'nın size vermeye istekli olduğu yasal mirası-
nızı almanızı engellemek için sizi aldatmaya ça-
lışanlara izin vermeyin. Bunlar *"sözde alçakgö-
nüllülükte direnen,... benliğin düşünceleriyle boş
yere böbürlenen"* (18. ayet) insanlardır. Bu gibi
insanlar süper ruhsal olduklarını iddia ederler,
ama aslında son derece dünyevidirler. Kendi
düşünceleriyle o kadar böbürlenirler ki, Baş'la
bağları kalmaz: *"Baş'a tutunmayan hiç kimse
sizi ödülünüzden yoksun bırakmasın"* (18. ayet).
Ama: *"Bütün beden eklemler ve bağlar yardı-
mıyla bu Baş'tan beslenip bütünlenmekte, Tan-
rı'nın sağladığı büyümeyle gelişmektedir"* (19.
ayet).

Baş'la bağımızı kaybettiğimiz zaman hata-
lar zinciri başlar: Aldanmalar, yanlış öğretiler ve
Tanrı'nın gerçeğiyle aynı doğrultuda olmayan
şeyler. Bedenin tümünün ve bireysel olarak
imanlının güvende olmasını sağlayan tek şey,
Baş'la kurulan doğru bağdır. Tanrı her gerçek
imanlıyı, İsa Mesih'le doğrudan ilişkiye geçecek
şekilde hazırlamıştır. Bu ilişkiyi başka birinin
bozmasına izin vermemeliyiz.

Çobanlar harika insanlardır, ama İsa'nın
yerine geçemezler. Bir çobanın işlevi size baş
olmak değildir; Baş olanla ilişkinizi geliştirme-
nize yardımcı olmaktır. Tüm sorunlarınızın çö-

zümünü anlatmak değildir; bu çözümleri İsa'dan kendi başınıza nasıl alabileceğinizi öğretmektir.

Bazı insanlar tembeldirler ve birileri sorunlarını hemen çözsün isterler. Ama bu iş böyle yürümez. Ayrıca, bazı liderler zorbadırlar ve insanlar üzerinde hakimiyet kurmak isterler. Tüm bunları yaşadım ve Tanrı'ya şükür, hepsinden başarıyla geçtim. Tekrar böyle şeylerin içinde olmayı hiç arzulamam. İsa'yla kişisel ilişkiniz olması gerekir. O'nun size konuşmasını duyabilmelisiniz. O'nun tarafından yönetilebilmelisiniz. İçinizde, O'nun ne zaman hoşnut olduğunu ya da olmadığını söyleyen bir şey olmalı. Baş'a karşı duyarlı olmalısınız.

Baş'ın Dört İşlevi

Şimdi, fiziksel olarak başımızın dört işlevini ve bunun İsa'nın Baş olmasıyla ilgisini açıklayacağım. Anatomi konusunda uzman olmadığımdan, bu işlevleri basit bir şekilde ortaya koyacağım. Bu dört işlevi görürken, sizden İsa'yla kişisel ilişkinizi ve kilisenin günümüzde Başı ile olan ilişkisini düşünmenizi istiyorum.

Bana göre başımızın dört ana işlevi vardır:

• *Bilgi toplar.* Bedenin her üyesinin başla iletişime geçmeye hakkı vardır ve baş tüm bu üyelerden kesintisiz bilgi toplar.

- *Kararlar verir.* Bedenin ne yapacağına baş karar verir.
- *Eylem başlatır.* Burada anahtar kelime *inisiyatiftir.* Çünkü inisiyatifi alan baştır.
- *Üyelerin çalışmasını koordine eder.* Başın kararlarını uygulayan üyelerin uyumlu çalışmasını sağlar.

İsa'nın Baş olarak bedenle iletişime geçmek, onu yönetmek, kontrol etmek ve korumak için kullandığı araç Kutsal Ruh'tur. Yani, burada sadece İsa'yla değil, Kutsal Ruh'la da ilişkiden bahsediyoruz. Bu doğrultuda bazı ayetlere bakalım.

İsa şöyle dedi: *"Ne var ki O, yani Gerçeğin Ruhu gelince, sizi tüm gerçeğe yöneltecek"* (Yuhanna 16:13). İsa öğrencilerine bu sözleri söylediğinde aralarından ayrılmak üzereydi ve şöyle demek istiyordu: "Bilmeniz gereken her şeyi şimdi size söyleyemem. Ama fark etmez, çünkü gerçeğin Ruh'u, yani Kutsal Ruh geliyor ve O sizi tüm gerçeğe yöneltecek." İsa o andan itibaren, O'nunla ilişkimizin Kutsal Ruh aracılığıyla şekilleneceğini söylüyordu.

İsa sözlerine şöyle devam etti: *"Çünkü kendiliğinden konuşmayacak, yalnız duyduklarını söyleyecek ve gelecekte olacakları size bildirecek"* (Yuhanna 16:13). Kilisenin, Kutsal Ruh'un gelecekle ilgili yönlendirmesine (her şey hakkında olmasa da, bilmemiz gereken belli başlı şeyler hakkında) sahip olması gerektiğine inanıyorum.

Dünyanın şu anki durumuna baktığımız zaman, kilisenin Kutsal Ruh'un rehberliği olmadan geleceğe doğru yol alması, felakete çıkartılmış bir davetiyedir. Amerika'yı fazla etkilemeyen sorunlara ve baskılara gülüp geçtik. Ama yanlış zamanda yanlış yerde olmamak için, gelecekte neler olacağına dair Kutsal Ruh'un uyarısına ihtiyacımız var. Düzenli dualarımdan biri, daima doğru zamanda doğru yerde olabilmektir. Bunu yalnızca Kutsal Ruh mümkün kılabilir.

İsa *"O beni yüceltecek"* dedi (Yuhanna 16:4). Tanrı'nın bize söylediklerini duyabilmek konusunda da Kutsal Ruh'un en belirgin işareti İsa'yı yüceltmesidir. Karizmatik harekette, Kutsal Ruh'un işi denilen pek çok şey, İsa'yı yüceltmekten uzaktır. İnsanı öven her şey Kutsal Ruh'tan değildir. Ruhsal olabilir, ama Kutsal Ruh'tan değildir. Kutsal Ruh'un yaptığı her şeyde nihai amacı İsa'yı yüceltmektir. İsa eğer sahnenin ortasında değilse, senaryo Kutsal Ruh'tan değildir.

Tanrı'nın Seçimine Teslim Olmak

Başın dört işlevi de önemli olmasına rağmen, Mesih'le ilişkimizle ilgili olarak kısaca dördüncü işleve odaklanmak istiyorum (Baş'ın verdiği kararları uygularken üyelerin uyum içinde olması). Bu, inisiyatif almakla ilgili bir konudur.

Yuhanna 15:16'da İsa öğrencilerine şöyle dedi: *"Siz beni seçmediniz, ben sizi seçtim."* Bu ifade şüpheye yer bırakmayacak şekilde açıktır. İsa burada kurtarmak için seçtiği insanları kastetmiyor. Bundan ziyade, öğrencilik için seçilen insanlardan bahsediyor. Şöyle diyor: "Ben sizi, On ikiler'i seçtim."

İsa şöyle devam etti: *"Gidip meyve veresiniz, meyveniz de kalıcı olsun diye sizi ben atadım"* (16. ayet). Bu ayetten, kalıcı meyvenin Tanrı'nın kararlarından kaynaklandığını anlıyorum. Her tür dini programlarınız, etkinlikleriniz olabilir, kilise seçimlerinizde değişik insanlar yetkili duruma gelebilirler. Ama bunlarda inisiyatif Tanrı'da değilse, kalıcı ürün asla oluşmayacaktır.

İsa şunu da ekledi: *"Öyle ki, benim adımla Baba'dan ne dilerseniz size versin"* (Yuhanna 15:16). Baba'ya etkili dua etmenin Tanrı'nın iradesinden kaynaklandığını anlıyor musunuz? Her şekilde dua edebiliriz, ama eğer bu dualar Tanrı'nın iradesinden kaynaklanmıyorsa, onları cevaplayacağına dair güvencemiz yoktur. Sanırım, bizi O'na tamamıyla bağlı olduğumuz gerçeğini anlamaya geri döndürmek için, Tanrı Amerika'daki kiliseyle acil olarak ilgileniyor.

İnisiyatif almak seçimle ortaya konulur ve anladığım kadarıyla, Tanrı yalnızca kendi seçimine göre hayatlarımıza yön veriyor. Tanrı'nın ellerinden bu inisiyatifi her aldığımızda, Baş olan İsa'yla bağlantımızı hemen kestik. Gerçekten çok küstahlaştık. Tanrı bizi affetsin. Aslında, kilisenin Tanrı'nın önünde yüzüstü yere kapanıp şöyle demesi gerektiğini düşünüyorum: "Rab, tamamen kibre kapıldık. Tövbe ediyoruz ve bizi bağışlamanı diliyoruz."

Tanrı'nın seçimine güvenmenin iyi örneklerinden biri Elçilerin İşleri kitabındadır:

"Antakya'daki kilisede peygamberler ve öğretmenler vardı: Barnaba, Niger denilen Şimon, Kireneli Lukius, bölge kralı Hirodes'le birlikte büyümüş olan Menahem ve Saul. Bunlar Rab'be tapınıp oruç tutarlarken Kutsal Ruh kendilerine şöyle dedi: 'Barnaba'yla Saul'u, kendilerini çağırmış olduğum görev için bana ayırın'" (13:1-2).

"Bunlar Rab'be tapınıp oruç tutarlarken" ifadesi orijinal Grekçe el yazmasında şöyledir: "Bunlar Rab'be çobansal hizmetlerini sunarken." Tapınıyor olabilirlerdi veya başka bir şey yapıyor olabilirlerdi. Ama Rab'de beklerken kendi-

lerine ait bir gündemleri yoktu. Aslında Kutsal Ruh onlara şöyle dedi: "Bu Benim gündemim."

Kilise defalarca kendi gündemiyle Tanrı'ya gitti ve O'na bir kez dahi şunu sormadı: "Senin isteğin nedir?" Kararlarınızı siz veremezsiniz; bir kilise toplantısında birkaç dakikada bir kağıt parçasına bir şeyler yazıp sonra onları Tanrı'nın adıyla uygulayamazsınız. Çünkü Tanrı, o kâğıdın üzerine basılan hazır kaşe değildir. O her şeye kadir olandır.

Yukarıdaki ayet şöyle devam eder: *"Böylece oruç tutup dua ettikten sonra, Barnaba'yla Saul'un üzerine ellerini koyup onları yolcu ettiler"* (Elçilerin İşleri 13:3). Barnaba'yla Saul yani Pavlus'u gönderme fikri nereden geldi? Kutsal Ruh aracılığıyla Tanrı'dan geldi.

Onlar Kutsal Ruh tarafından gönderilmeden önce de peygamber ve öğretmendiler. Gönderildikten sonra ne oldular? *Elçiler.* İki kez elçi olarak çağrıldıklarına dikkat edin:

"Kent halkı ikiye bölündü. Bazıları Yahudiler'in, bazıları da elçilerin tarafını tuttu" (Elçilerin İşleri 14:4).

"Ne var ki elçiler, Barnaba'yla Pavlus, bunu duyunca..." (Elçilerin İşleri 14.14).

Elçi gönderilen kişidir. Gönderilmeyen biri elçi olamaz. İlginç olan şudur ki, onların gönde-

138

rilmesi Baba Tanrı'nın, Oğlu İsa Mesih'le ve Kutsal Ruh aracılığıyla kullandığı inisiyatif sonucunda gerçekleşmesine rağmen, kilise onları gönderene kadar onlar elçiler olarak anılmadılar. Tanrı insanları hizmete atarken kiliseyi kullanır.

Pavlus ve Barnabas atandıkları hizmeti tamamladıkları zaman ne olduğuna bakalım:

"Oradan gemiyle, artık tamamlamış bulundukları görev için Tanrı'nın lütfuna emanet edildikleri yer olan Antakya'ya döndüler" (Elçilerin İşleri 14:26).

Kilisenin içindekiler olarak kaçımız atandığımız işi tamamladığımızı söyleyebiliriz? Sadece bir kısmını değil tüm işi tamamlamaktan bahsediyorum. Pavlus'la Barnabas'ın bunu başarabilmelerinin tek açıklaması, Tanrı'dan gelen inisiyatiftir. Antakya'daki liderler Tanrı'nın seçimini duydular ve buna uydular. Başka hiçbir şey aynı sonucu yaratamazdı.

Mesih'in Düşüncesine Sahip Olmak

Tanrı'nın sesini duymayı öğrenmenin önemli bir parçası, kilisenin *"Mesih'in düşüncesine"* (1. Korintliler 2:16) sahip olduğunu anlamaktır. Pavlus, Yeşaya 40:13'ten alıntı yaparak şöyle yazdı: *"Rab'bin düşüncesini kim bildi ki, O'na öğüt verebilsin?"* (1. Korintliler 2:16). Kaçımız Rab'be öğüt verecek durumdayız? O'na tavsiyelerde bulunabilir miyiz? O'na işini nasıl yapacağını söyleyebilir miyiz? Bunlar cevabı belli sorulardır. Pavlus şöyle devam etti: *"Oysa biz Mesih'in düşüncesine sahibiz"* (16. ayet). Ayette "ben" değil "biz" dendiğine dikkat edin. Mesih'in düşüncesi tek bir kişiye verilmez; Baş aracılığıyla tüm bedene verilir. Bedenin üyeleri, Mesih'in düşüncesini hep beraber anlamadığı sürece, bu düşünce keşfedilmeyi beklemeye devam edecektir.

Kendi kilisenize ya da imanlı topluluğunuza baktığınızda şunu diyebiliyor musunuz? "Mesih'in düşüncesine sahibiz." Hatta bunun üzerinde hiç düşündünüz mü? Eğer düşündünüzse, bunu *biz de söyleyebilmeliyiz* diyor musunuz?

Tanrı'da Beklemek Bizi Değiştirir

Nasıl gerçekten Mesih'in düşüncesine sahip insanlar olabiliriz? Bunun çok basit ve tek kelimelik bir cevabı olduğuna inanıyorum. Amerikalı Hristiyanlar arasında pek popüler olmayan ve çok az duyduğumuz bir kelime: *Beklemek.* Çalışmak değil, beklemek.

1. Selanikliler'de, Pavlus ilk Hristiyanlar'dan bazılarına yazıyordu. Aslında bu, kiliselere

yazdığı ilk mektuptu. Selanik'teki müjdenin etkilerini yorumlarken şöyle diyordu:

"Çünkü herkes bizi ne kadar iyi karşıladığınızı anlatıp duruyor. Yaşayan gerçek Tanrı'ya kulluk etmek, O'nun ölümden dirilttiği ve bizleri gelecek gazaptan kurtaran Oğlu İsa'nın göklerden gelişini beklemek üzere putlardan Tanrı'ya nasıl döndüğünüzü anlatıyorlar" (Selanikliler 1:9-10).

Tanrı'ya dönmelerinin iki nedeni vardı:
1) Kulluk yani hizmet etmek.
2) Beklemek. Hristiyanca yaşamın tamamı budur. Tamamı hizmet etmekten ibaret değildir. Esasen, sadece hizmet etmek eğer beklemekle desteklenmezse çok eksik kalır. Hizmet ederiz ve bekleriz. Kutsal Kitap'ta elliden fazla yerde, Tanrı'da veya Tanrı'yı beklemenin gerekliliğinden bahsedilir. Yeşaya 64:4'te bunun canlı bir resmini görürüz:

"Çünkü kendisine umut bağlayanlar için
Etkin olan tek Tanrı sensin;
Senden başkasını hiçbir zaman hiç kimse işitmedi,
Hiçbir kulak duymadı, hiçbir göz görmedi."

İngilizce NIV Kutsal Kitap çevirisinde "umut bağlayanlar" yerine "bekleyenler" kelimesi kullanılmıştır.

Burada tasvir edilen tek gerçek Tanrı resminde, Tanrı'nın belirleyici özelliği nedir? O kendisini bekleyenler için etkindir. Sizin için etkin olmasını istiyorsanız, beklemelisiniz. Kilise'nin Tanrı'da beklemeyi öğrenene kadar, şu anda bulunduğu yerin ötesine geçemeyeceğine inanıyorum.

İngiltere'de Hull adında küçük bir şehirde bir dizi toplantı düzenledim. Toplantıların sonunda liderleri sahneye davet edip onlar için dua ettim. Görünüşe göre Tanrı o dualarla bir şeyleri serbest bıraktı. Çünkü ondan dört yıl sonra, yaklaşık on beş kiliseyi temsil eden bu liderler hep beraber toplandılar ve Tanrı'da beklediler. Sonra beni tekrar davet ettiler ve bu ikinci toplantı dizisi yönettiğim diğer toplantılardan çok farklıydı. Bunun nedeni benim değişmiş olmam değildi. Oradaki ortam değişmişti.

Sadece itiraf ettiğimiz günahların bağışlanabileceğiyle ilgili çok kuvvetli mesajlar vaaz ettim. Günahlarımızı itiraf etmezsek, bağışlanmazlar. Tanrı bağışlamaya gerçekten hazırdır ama bir koşul öne sürer: *"Ama günahlarımızı itiraf edersek, güvenilir ve adil olan Tanrı günahları-*

mızı bağışlayıp bizi her kötülükten arındıracaktır" (1. Yuhanna 1:9).

Yaklaşık on çift öne çıkarak bu mesaja karşılık verdiler. Duygusallıktan ve çığırtkanlıktan uzak bir dille tüm guruba şöyle seslendim: "Şimdi eğer günahlarınızı itiraf etmeye ihtiyaç hissediyorsanız, onları Tanrı'ya itiraf edebilirsiniz. Ama Kutsal Kitap aynı zamanda şöyle de der: *'Bu nedenle, şifa bulmak için günahlarınızı birbirinize itiraf edin ve birbiriniz için dua edin'* (Yakup 5:16). Dize gelip bunu yapmakta serbestsiniz." İki saat boyunca diz çöküp günahlarını birbirlerine itiraf ettiler. Bunların arasında o bölgede iyi tanınan liderler de vardı.

Ben bu olanları, Tanrı'yı bekleyen insanların ürünü olarak görüyorum. Ruhsal yenilenmeyle ilgili birçok peygamberlikler duyarım ve bazen ben de bu konuyla ilgili bazı peygamberliklerde bulundum. İstediğiniz kadar peygamberlikte bulunabilirsiniz, ama yenilenmenin önündeki gerçek engel itiraf edilmemiş günahlardır. Bu halledilmedikçe, düzenlediğiniz toplantılar, verilen vaazlar ve söylenen ilahiler hayal kırıklığından öteye gidemeyecektir.

Şöyle diyebilirsiniz: "İtiraf edilecek bir günahım olduğunu düşünmüyorum." İyi, harika! Peki Tanrı'ya ne kadar yakınsınız? Tanrı'nın varlığında bir süre bekledikten sonra, bakış açınız değişebilir. Bunu size kişisel deneyimlerime dayanarak söylüyorum. Asla kendi isteğiyle günaha dönenlerden olmadım. Rab'be elli yıldan fazla hizmet ettim ve Tanrı'nın lütfuyla sayısız insanın dermanına çare bulduğunu gördüm. Ama Ruth'la birlikte Tanrı'yla önceden düşünülmemiş, plansız ve programsız bir şekilde zaman geçirdiğimizde, Tanrı'nın hayatımdaki enkazı temizlemesi altı ay sürdü. Tanrı bana otuz yıl önce yapmış olduğum kirli şeyleri gösterdi ve şöyle dedi: "Bunları asla itiraf etmedin." Ve alçakgönüllü olabilmek amacıyla birbirimize yardım etmek için, Ruth'la günahlarımızı birbirimize itiraf ettik. Bunu her zaman yapmanız gerekmez, ama Kutsal Kitap günahlarınızı birbirinize itiraf etmenizi söyler.

John Wesley'in günlüklerini okurken aklımda kalan bir şeyi sizle paylaşacağım. İngiltere'nin Yorkshire bölgesinde bir yerde, en büyük Metodist[4] cemaatlerden biri, haftada bir kez günahlarını birbirine itiraf etmek için toplanan insanlar tarafından kurulmuş. Kilise kurmak için pek modern bir yol gibi görünmüyor, değil mi? Ama yine de, Metodist hareket tüm Britanya'yı

---

[4] Metodistler: 18. yüzyılda John Wesley'in öğretilerini esas alarak kurulan Protestan bir mezhep.

ve Amerika Birleşik Devletleri'nin önemli bir bölümünü güçlü bir şekilde etkiledi. Yani belki de bu yaklaşım üzerinde biraz durmak gerekiyor. Tanrı'nın bir numaralı önceliği olmamasına rağmen, birçok insanın fiziksel şifa arzuladığını belirtmem gerekir. Yorkshire'daki bu toplantılarda, şifayı akıllarına bile getirmeden Tanrı'yla aralarını düzeltmeye çalışan birçok insan çabucak şifa buldu. Mezmurcu Davut aslında şöyle diyordu: "Günahlarım başımın üzerinde bir dağ gibi ve bana yük oluyorlar" (Bkz. Mezmur 32:1-6 ve 51:1-4). Birçoğunuz iyileşmek istiyorsunuz, ama hayatınızdaki günah sorununu halletmeden asla iyileşemeyeceksiniz.

Yeşaya 59:1 şöyle der: *"Bakın, RAB'bin eli kurtaramayacak kadar kısa, kulağı duyamayacak kadar sağır değildir."* Bu sözlerin sadece Yahudiler'e söylendiğine bazen o kadar inanırız ki, diğer uluslar için de geçerli olduğunu unutuveririz. Tanrı hala iyi duyar ve O'nun kolları hala çok güçlüdür. Ama takip eden ayet şöyle der: *"Ama suçlarınız sizi Tanrınız'dan ayırdı. Günahlarınızdan ötürü O'nun yüzünü göremez, sesinizi işittiremez oldunuz"* (59:2).

Tanrı ayırım yapmaz. İsa'nın kanı bizi arındırdığı zaman, O'nun kanıyla Tanrı'yla paydaşlığımız olduğunu bilmek harikadır. Ancak, kan itiraf etmeyenleri arındırmaz. *"Ama O ışıkta olduğu gibi biz de ışıkta yürürsek, birbirimizle paydaşlığımız olur ve Oğlu İsa'nın kanı bizi her günahtan arındırır"* (1. Yuhanna 1:7). Bu ayette üç kez devamlılık gösteren zaman kipi kullanılmıştır. Eğer *devamlı* ışıkta yürürsek, *devamlı* birbirimizle paydaşlığımız olursa, kan bizi *devamlı* arındırır. Ama tüm bunlar şarta bağlıdır. Öncelikli söz hep şudur: *Eğer. "Eğer ışıkta yürürsek."*

Eğer birbirimizle paydaşlığımız yoksa ışıkta değiliz. Paydaşlığın dışındaysak, İsa'nın kanı bizi temizlemiyor demektir. Kan bizi karanlıkta temizlemez; sadece ışıkta temizler. Eğer karanlıktaysak ve temizlenmek istiyorsak, ışığa gelmeliyiz. Tanrı'nın Amerika'daki kiliseyle yapmak istediklerini, kilise liderleri Tanrı'da beklemeye vakit ayırana kadar asla gerçekleştirmeyeceğini düşünüyorum. Özellikle *liderler* diye vurguluyorum.

Bu bölümü, International Fellowship of Intercessors'ın tanınmış hizmetkârlarından biri olan Johannes Facius'un bir açıklamasıyla bitirmek istiyorum. Bu adam, Avustralya'da gerçekleşen bir şey hakkında bir mektup yazdı. Avusturalyalılar oldukça zorlu insanlardır. Takdir edersiniz ki, Avusturalya'da bir ruhsal uyanışın olması kayda değer bir olaydır. Ve sanırım bu gerçekleşiyor. Aşağıdaki mektubun sizin için bir teşvik olacağını umuyorum:

Birkaç gün önce dünyanın öteki ucundan döndüm. Avusturalya ve birlikte olduğum en özgün ruhsal liderler topluluğu. Bu deneyimden sonra asla eskisi gibi olmayacağım (Ve bu satırları yazan deneyimli bir hizmetkârdır).

Intercessors of Australia'dan Noel Bell ve Avusturalya'daki YWAM'ın lideri Tom Hallas (ikisini de tanırım) *Rab'bin yüzünü aramak amacıyla Avusturalya'daki tüm çobanlara, kilise ihtiyarlarına ve hizmet liderlerine çağrıda bulunma ihtiyacını hissetmişler. Söz konusu kişilerin katılacağı ve üç hafta olarak planladıkları konferansa "İsa'ya bakan liderler" adını verdiler. Bu bile kendi başına çok cesaret verici bir adımdı. Yoğun işleri olan tüm bu liderlerin üç tam haftayı böyle bir toplantıya ayırabilecekleri kimin aklına gelirdi ki? Bu çağrıya yüz kişiden fazla liderin olumlu cevap vermesi ve büyük çoğunluğunun üç haftanın tamamında bulunabileceğini söylemesi, bu toplantının dünyanın yedi harikasından biri olması gerektiğine beni ikna etti. Biri bana Avrupa'da veya Amerika'da böyle bir şey yapmayı teklif etseydi, bu düşünceye güler geçerdim. Biz bu kadar lideri bir gün bile toplayabilsek minnettar olmalıyız. Görünüşe ba-*

kılırsa, Tanrı'nın aklında Avusturalya ile ilgili özel bir şey olmalıydı ve Avusturalya'dan başlayıp Mesih'in bedenine dünya çapında dokunan bir ruhsal uyanışa tanıklık etmek beni şaşırtmayacaktı.

Muhtemelen, Avusturalya'daki arkadaşlarımızın dünyanın bir ucunda tecrit edilme hislerine Avusturalya insanının yüreğinin katılığı eklenince, bu insanlar Rab'bin önünde kendilerini çaresizce alçalttılar. Nedeni her neyse, olan bu şey tüm hizmet hayatımda başıma gelen hiçbir şeye benzemiyordu. Şimdi orada gerçekleşen bu olağanüstü şeylerle ilgili sizi biraz aydınlatayım.

O'nun Ayaklarının Dibinde Oturmak

Tanrı'nın bu toplantının amacını ortaya koymak için seçtiği yol buydu: Meryem gibi O'nun ayaklarının dibinde oturmak. Marta gibi kendi inisiyatifimizle O'na hizmet ederek O'nu hoşnut etmeye çalışmak değil. Göğü ve yeri yarattıktan sonra yedinci gün tüm işlerinden dinlenen Tanrı gibi, biz de İsa'nın huzuruna girip dinlenmeliyiz. Bu hepimiz için gerçekleştirmesi zor bir eylemdir. Ne zaman O'nun huzurunda sessizce oturmayı denediysek, beş dakika geçmeden biri çıktı ve bir peygamberlikle veya bir ilahiyle ya da Kutsal Kitap'tan bir ayet okuyarak *bu sessizliği bozdu. Bizim için, O'nun huzurunda sessizce oturup beklemek ve Kutsal Ruh'un inisiyatifi ele almasına izin vermek çok zordur. Tanrı'ya hamdolsun ki, bunu yapabilmek için önümüzde üç koca hafta vardı. Ve yavaş yavaş ama sağlam bir biçimde, Kutsal Ruh o nazik rüzgârını aramızda estirene kadar beklemeyi öğrendik. Hiçbir etkinlikte bulunmadan sadece Tanrı'nın huzurunda O'ndan zevk almak bizim için o kadar zor ki.*

O'nun Yüceliğini Görmek

2. Korintliler 3:18 bizim için yaşayan bir söz haline geldi: "Ve biz hepimiz peçesiz yüzle Rab'bin yüceliğini görerek yücelik üstüne yücelikle O'na benzer olmak üzere değiştiriliyoruz. Bu da Ruh olan Rab sayesinde oluyor." Kutsal Ruh'un Rab olduğunu kabul edip tamamen O'nun yönetiminin altına girmek, İsa'yla yüz yüze gelmekle aynı şeydir (Bu bölümde size aktarmayı arzuladığım şey tam da budur). *O'nun yüceliği ve mükemmelliğinin ışığında kendimizi tüm kusurlarımızla değerlendirebiliriz ve bizi sevgili Oğlu'nun benzerliğine dönüştüren Ruhu'nun etkinliğine açık hale geliriz. Bu yol, kendi çabalarımızla kendimizi değerlendirip kişiliğimizdeki Mesih'e benzemeyen yönleri umutsuzca görmekten çok daha farklı bir yoldur. Tanrı bizi kendi beklentilerimize göre yeni bir takım bilgilerle donatmak için değil, ama sevgili Oğlu'nun benzerliğine dönüştürmek için bir araya topladı.*

Dikey Yol

Kişisel olarak tüm düşüncelerim değişikliğe uğradı. Yirmi yılı aşkın bir süredir dua hareketinin içinde aktif olarak yer alan biri olarak, ulaşılabilir bilgilerden ve analitik çalışan zihnimden faydalanarak, sorunları ve sorunlu alanları ayırt etmek için bir yol keşfetmiştim. İsa'ya bakarak ve O'nunla yüz yüze gelmeyi bekleyerek, her tür durumda ihtiyaç duyduğumuz gerçek ayırt etmenin yalnızca O'nun yüzüne bakarak geldiğini keşfettim. Kendi resmimizi gerçekçi bir gözle görmek istiyorsak, kendimize İsa'nın bize baktığı şekilde bakmamız gerekir. Eğer kilisemizin nerede durduğunu ve kendi insanlarımızın durumunu bilmek istiyorsak, buna ufki olarak uzaktan bakıp dış görünüşe göre değerlendirebiliriz, ama sonunda elimizde yanlış ve gerçek dışı bir resim olur. Yalnızca Rab'bin yüzünü gördüğümüzde ve O'nun Kendi kilisesi ve dünyası için taşıdığı yükün farkına vardığımızda, dualarımız ve hizmetlerimiz olağanüstü etkili olabilir.

İsa'ya Aşık Olmak

İnsanlar bu üç haftalık süre boyunca kendilerini büyük bir arzuyla Rab'be verdiklerinde, O'nunla çok sıkı bir dostluğa çekilecekleri bekleniyordu. Ve öyle de oldu. Bu süreçte keşfettiğimiz şey, kendilerine O'nun hizmetçileri diyen hepimizin aslında O'na olan ilk sevgimizden ve Mesih merkezli bir yaşamdan ne kadar uzak olduğumuzun derin bir şekilde farkına varmamızdı. Bu yüzden, Tanrı'nın çağrısı gelin odasına girip göksel Damadımıza aşık olmamız ve ilk günkü sevgimize geri dönüp İsa'yı yaptığımız her şeyde merkez ve odak noktası yapmamızdı. Ve böyle de oldu. Bize muhteşem sevgisini gösterirken biz de O'na daha çok teslim olmaya başladık ve coşkunun ve tapınmanın kalitesi ve gücü büyük boyutlara ulaştı. Sonunda, tüm toplantılar sadece O'nun sevgisinden zevk alarak geçirilmeye başlandı. Hepimiz bir şekilde etkin olma hırsımızı kaybetmiştik ve tüm isteğimiz her defasında O'nunla daha fazla beraber olmaktı. Gelinle damat arasında yaşanan aşkın zengin tasvirleriyle dolu olan Ezgiler Ezgisi Kitabı, adeta rehberimiz haline geldi. Hayatımdaki hiçbir şeyin bu üç haftada yaşadıklarımla kıyaslanamayacağını söylediğimde büyük laflar ettiğimin farkındayım. Ama bu ifadem nasıl yankı

*bulursa bulsun gerçeği söylediğime eminim. Bu
mektubu yazarken yüreğimde İsa'ya bakarak bu
yönde devam edebilmek için büyük bir arzu var.
Bunu Tanrı'nın tüm halkı için diliyorum. Onla-
rın da en kısa zamanda böyle bir birlikteliğin
büyük coşkusunu yaşayabilmesini arzu ediyo-
rum.*[5]

Bu mektubu bölümün sonuna eklememin
nedeni, teoriden çıkıp uygulamaya girmek iste-
memdi. İnsanlar Tanrı'da beklemek için zaman
ayırdığında neler olabileceğinin bir örneğini gör-
dünüz.

Tanrı'yla aranızda bir engel olduğunu hisse-
diyorsanız, yaşamınızda Rab'le aranıza giren
şeyler varsa ve Tanrı'yı istediğiniz gibi duya-
mıyorsanız, O'na gelme ve bekleme zamanıdır.
Tüm bu engelleri itiraf edip onlardan kurtulabilir
ve O'nunla ilişkinizi netleştirebilirsiniz.

Bir gerçeği tekrar vurgulayarak bitiriyorum:
Tanrı'nın gerçek bir oğlu olarak yaşamanın yolu,
sürekli olarak Kutsal Ruh'la yönetilmektir. İsa
tam da bunu diyordu: *"Koyunlarım **sesimi işitir**.
Ben onları tanırım, onlar da **beni izler**"* (Yuhan-

[5] International Fellowship of Intercessors Newsletter'ın
Eylül 1992 sayısından, yazarın sözlü sunumuna daya-
narak izinle kullanılmıştır.

na 10:27). Ruh'ta yaşam, sürekli işitmek ve sürekli takip etmek demektir. Bir aşağı bir yukarı giden ve ara sıra gerçekleşen bir süreç değildir. Kutsal Ruh'un yardımıyla, Oğul İsa Mesih aracılığıyla göksel Babamızla yaşadığımız, düzenli ve devamlı bir ilişkidir.

YAZAR HAKKINDA

Derek Prince (1915-2003) Hindistan'ın Bangalore eyaletinde, İngiliz ordusuna bağlı asker kökenli bir ailede doğdu. İngiltere'de Eton Lisesi ve Cambridge Üniversitesi'nde ve daha sonra İsrail'deki İbrani Üniversitesi'nde klasik diller (Yunanca, Latince, İbranice ve Aramice) konusunda araştırmacı olarak eğitim aldı. Öğrencilik yıllarında sıkı bir felsefeciydi ve kendini ateist olarak ilan etmişti. Cambridge'deki King's Lisesi'nde antik ve modern felsefe derslerini başlattı.

İkinci Dünya Savaşı sırasında, İngiliz Sıhhiye Kolordusu'ndayken, Prince bir felsefe çalışması olarak Kutsal Kitap okumaya başladı. İsa Mesih'le yaşadığı güçlü birlikteliğin dönüşümüyle, birkaç gün sonra Kutsal Ruh'la vaftiz oldu. Bu yaşam değiştiren tecrübenin tüm hayatına işlemesiyle kendini Kutsal Kitap çalışmaya ve öğretmeye adadı.

1945'te Kudüs'te ordudan ayrılıp oradaki çocuk evinin kurucusu olan Lydia Christensen'le evlendi. Evliliğinde, Lyda'nın evlat edinilmiş sekiz kız çocuğunun da (altısı Yahudi, biri Filistin'li Arap, biri de İngiliz) babası oldu. Ailece İsrail devletinin 1948'de

154

yeniden doğuşunu gördüler. 1950'lerin sonunda Kenya'daki bir lisede müdürlük yaparken, başka bir kız çocuğu daha evlat edindi.

Prince 1963 yılında Amerika Birleşik Devletleri'ne göç etti ve Seattle'da bir kilisede pastörlük yapmaya başladı. John F. Kennedy'nin katledilmesinin de etkisiyle Prince, Amerikalılara kendi ulusları için Tanrı'nın önünde nasıl aracılık etmeleri gerektiğini öğretmeye başladı. 1973'de Amerika İçin Dua Eden Aracılar'ın kurucularından biri oldu. Dua ve Oruçla Tarihi Şekillendirmek adlı kitabıyla dünyanın dört bir yanındaki Hristiyanlar'ı kendi hükümetleri için dua etme sorumluluğu konusunda uyandırdı. Birçoklarına göre bu kitabın el altından yapılan gizli çevirileri SSCB, Doğu Almanya ve Çekoslovakya'daki komünist rejimlerin yıkılmasında etkin bir rol oynadı.

Lydia Prince 1975'de öldü ve Derek 1978'de Ruth Baker'la (evlat edindiği üç çocuğa annelik yapan bekar bir kadın) evlendi. İlk eşine rastladığı Kudüs'te Rab'be hizmet ederken ikinci eşiyle tanıştı. 1981'den Ruth'un öldüğü 1998 Aralık ayına kadar Kudüs'te beraber yaşadılar.

2003 yılında 88 yaşındayken hayata gözlerini kapamasından birkaç yıl öncesine kadar Tanrı'nın onu çağırdığı hizmetlerde çalışmaya devam etti. Tanrı'nın açıkladığı gerçekleri duyurmak için dünyanın dört yanına seyahat etti, hastalar ve cinliler için dua etti ve Kutsal Kitap'ın ışığında dünyadaki olaylarla ilgili peygamberliklerde bulundu. Yazdığı elliden fazla kitap, altmıştan fazla dile çevrilerek tüm dünyaya dağıtıldı. Nesilden nesle geçen lanetler, İsrail'in müjdesel önemi ve demonoloji (Şeytan bilimi) gibi çığır açan konulardaki öğretilere öncülük etti.

Uluslararası merkezi North Carolina Charlotte'da bulunan Derek Prince Hizmetleri, dünyaya yayılmış şubeleriyle öğretilerini yaymaya ve hizmetkârlar, kilise liderleri ve cemaatler için eğitim vermeye devam etmektedir. Başarılı Yaşamın Anahtarları (şimdilerde Derek Prince'in Mirası Radyosu diye anılıyor) adlı radyo programı 1979'da başladı ve bir düzineden fazla lisana tercüme edildi. Tahminlere göre Prince'in açık, mezhepsel olmayan Kutsal Kitap öğretileri dünyanın yarısından fazlasına ulaştı.

Dünyaca tanınan bir Kutsal Kitap araştırmacısı ve ruhsal bir lider olarak Derek Prince, altı kıtada yetmiş yıldan fazla öğretti ve hizmet verdi. 2002'de şöyle demişti: "Benim (ve inanıyorum ki Rab'bin de) isteğim, altmış yılı aşkın bir süredir Tanrı'nın benim aracılığımla başlattığı bu hizmetin yaptığı işe İsa dönene kadar devam etmesidir."

www.ingramcontent.com/pod-product-compliance
Lightning Source LLC
Chambersburg PA
CBHW060254050426
42448CB00009B/1637